T0188543

La mujer que prospera

*Principios que transformarán
tu familia, finanzas y vida.*

Andrés Panasiuk

Autor del best seller *¿Cómo llego a fin de mes?*

Con Melvy de De León y Nilda Pérez

La mujer que prospera

Principios que transformarán tu familia, finanzas y vida.

CULTURA
FINANCIERA

CASA
CREACIÓN
Para vivir la Palabra

Para vivir la Palabra

MANTENGAN LOS OJOS ABIERTOS,
AFÉRRENSE A SUS CONVICCIONES,
ENTRÉGUENSE POR COMPLETO,
PERMANEZCAN FIRMES,
Y AMEN TODO EL TIEMPO.
—1 Corintios 16:13-14 (Biblia El Mensaje)

La mujer que prospera por Cultura Financiera
Publicado por Casa Creación
Miami, Florida
www.casacreacion.com
© 2010 derechos reservados

Library of Congress Control Number: 2010926269
ISBN: 978-1-61638-095-3
E-book ISBN: 978-1-62136-465-8

Escritores: *Dr. Andrés Panasiuk, Lic. Melvy de De León y Lic. Nilda Pérez*
Desarrollo editorial: *Grupo Nivel Uno, Inc.*
Diseño interior y portada: *Grupo Nivel Uno, Inc.*
Copyright © 2010 Cultura Financiera

Todos los derechos reservados. Se necesita permiso escrito de los editores, para la reproducción de porciones del libro, excepto para citas breves en artículos de análisis crítico.

El Instituto para la Cultura Financiera es el ministerio hispano de administración financiera y mayordomía de mayor influencia en el mundo. Esta organización, sin fines de lucro, fue fundada por el Dr. Andrés G. Panasiuk para servir al pueblo latinoamericano. Su principal objetivo es equipar globalmente a individuos, entidades e instituciones, para que aprendan, apliquen y enseñen los principios financieros establecidos claramente en las Sagradas Escrituras. Para que de esta manera, puedan conocer más íntimamente a Jesucristo y ser libres para servirle e invertir su tiempo y recursos en el cumplimiento de la Gran Comisión.

A menos que se indique lo contrario, el texto bíblico ha sido tomado de la versión R eina-Valera © 1960 Sociedades Bíblicas en América Latina; © renovado 1988 Sociedades Bíblicas Unidas. Utilizado con permiso. Reina-Valera 1960® es una marca registrada de la American Bible Society, y puede ser usada solamente bajo licencia.

Nota de la editorial: Aunque el autor hizo todo lo posible por proveer teléfonos y páginas de internet correctos al momento de la publicación de este libro, ni la editorial ni el autor se responsabilizan por errores o cambios que puedan surgir luego de haberse publicado.

Impreso en Colombia

24 25 26 27 LBS 9 8 7 6 5 4 3

ÍNDICE

PRIMERA SECCIÓN
**La mujer que prospera maneja exitosamente su relación de pareja
y tiene en claro sus prioridades
(PROVERBIOS 31:10–12, 15, 23, 25–27, 31)**

SEGUNDA SECCIÓN
**La mujer que prospera aprendió a desarrollar
exitosamente sus habilidades personales**
(Proverbios 31:10, 13–19, 21–22, 24)

EL PROBLEMA MÁS IMPORTANTE
QUE TIENEN LAS MUJERES

Es un hecho científicamente comprobable que, cuando hablamos de dinero, el mayor problema que tienen las mujeres… ¡son los hombres! Por eso, decidí que este libro no lo debía escribir solo e invité a la Lic. en Psicología, Melvy de De León, psicóloga y a la Lic. en Administración Pública, Nilda Pérez, empresaria, para que me ayudaran en la tarea de dar a luz esta obra. Debo admitir que, a pesar de haber escrito tantos otros libros, Nilda y Melvy realmente ¡no me necesitaban para escribir este libro!

La idea de escribir *La mujer que prospera* nació en agosto del 2005, durante un evento en la ciudad de Guatemala que coordinamos en conjunto con la líder femenil Conny de Morales y la organización AGLOW. Se llamó la "Cumbre Económica de la Mujer" y fue un éxito rotundo. Más de mil cien mujeres de todo el país se dieron cita en esa capital para aprender cómo administrar mejor lo mucho o poco que tenían disponible. Todavía recuerdo cómo me sentí al subir a la plataforma frente a todas esas mujeres ¡aterrado! Sin embargo, por la gracia de Dios, la conferencia fue cálidamente aceptada… incluso, copiada, distribuida, convertida en una presentación de Power Point® y empaquetada como un seminario de varias horas de duración. La amplia aceptación de la presentación me llevó a pensar que quizás habría muchas mujeres que como tú, por ejemplo, se podrían beneficiar profundamente de este material que hasta ahora sólo las mujeres de Guatemala tenían la posibilidad de disfrutar.

Este libro está inspirado en una mujer virtuosa y ejemplar cuya descripción aparece en los últimos versículos del capítulo 31 del libro de Proverbios. Las características de esta mujer, que como tú, enfrentó los desafíos de su época y salió victoriosa, te demostrarán hoy la manera en que tú también puedes desarrollarlas y triunfar.

Entonces, busca un rincón de lectura favorito en tu casa, toma un lápiz y un papel, algunos chocolates, un té o un café y pasemos juntos algunas horas explorando el camino hacia la prosperidad integral en tu vida. Espero que te guste. Escribimos este libro especialmente para ti.

Con todo cariño de parte nuestra,

Dr. Andrés G. Panasiuk
Lic. Melvy de De León y Lic. Nilda Pérez

INTRODUCCIÓN

La mujer que prospera disfruta de una prosperidad integral

Recuerdo, cuando niño, esperar con expectativa la llegada del verano para poder participar en los campamentos de la Liga Argentina Pro Evangelización del Niño (LAPEN). Una de las competencias que más me gustaba era "la carrera de las papas": una carrera en la que cada participante debía llevar una cuchara en la boca sobre la cual se colocaba una papa. Para ganar, un jugador no sólo debía llegar en primer lugar a la meta, sino que también tenía que llegar ¡sin que se le cayera la papa! El concepto de prosperidad integral que manejaremos en el resto de este libro, y que enseñamos en Cultura Financiera tiene mucho que ver con esa ilustración.

En la carrera de la vida, no solamente es importante llegar exitosamente a tus metas financieras, laborales o económicas sino también es vital llegar a estas metas con el resto de nuestra vida intacta en el contexto de nuestro tiempo, talento y tesoros (tanto tangibles, como el dinero, el negocio o la casa; como intangibles, tales como el amor y el respeto de nuestros hijos). Tenemos que evitar que "se nos caiga la papa".

Desde 1990 vengo enseñando, escribiendo y aconsejando a personas de todos los estratos sociales y económicos de nuestro continente en el tema de la prosperidad integral. Después de viajar más de un millón de kilómetros en Latinoamérica y por todo el mundo me he dado cuenta de que muchas personas, especialmente los varones, actúan como si el camino hacia la prosperidad económica fuera una carrera de 100 metros llanos. Tratan de alcanzar sus metas en la menor cantidad de tiempo posible. Arriesgan tiempo, talentos y tesoros para obtener beneficios económicos que al final, no lo llevan a la satisfacción personal.

La mujer que prospera disfruta de una vida abundante

A medida que comenzamos a caminar juntos a través de este libro, es importante dejar por sentado desde el principio que el camino hacia la prosperidad integral no es una carrera olímpica de 100 metros llanos. La ruta más segura hacia la prosperidad integral personal y familiar es, en realidad, una carrera de campo travieso (conocida por su nombre en inglés como *"cross-country"*) de 5 kilómetros de largo y, además, ¡con obstáculos!

Muchos creen que aunque el dinero no hace la felicidad, por lo menos ayuda. Eso lo decimos porque, en general, los latinoamericanos no vivimos en una sociedad de abundancia como la europea o la norteamericana. Si lo hiciéramos, nos daríamos cuenta de que esta idea, a veces citada en un contexto un tanto jocoso, proviene de una premisa equivocada, de un paradigma erróneo: la creencia de que los bienes materiales pueden satisfacer nuestras necesidades emocionales y espirituales como, por ejemplo, la necesidad de la alegría, del amor o de la paz. Esa es la premisa básica de una filosofía del mundo que comúnmente la llamamos "materialismo".

El Señor Jesús nos dice claramente en Lucas 12:15 que *"la vida del hombre no consiste en la abundancia de los bienes que posee"* (RV60); y esa es una gran verdad. Fácil de decir, sin embargo, profunda para entender. Piensa en esto:

El dinero puede comprar una casa, pero no puede construir un hogar; puede pagar una educación, pero no puede adquirir sabiduría; puede facilitar los medios para un transplante de corazón, pero no puede proveernos de amor.

A lo largo de los años he notado, contrariamente a las creencias populares, que no es la pobreza la que desintegra a las familias. Desde el punto de vista económico, son las malas decisiones financieras y las deudas acumuladas las que crean tensiones tan altas que, eventualmente, terminan por destruir la relación matrimonial.

Cuando uno es pobre (y mi esposa y yo somos testigos de ello), la pareja se une más y trabaja duramente para lograr la supervivencia de la familia. Cuando uno estructura incorrectamente la toma de decisiones económicas en la casa, cuando la pareja esconde dinero el uno al otro, cuando acumulan deudas y aplican principios equivocados en el manejo del dinero, los fondos empiezan a faltar y las acusaciones comienzan a hacerse oír más frecuentemente. Luego, siguen los insultos, los maltratos y, finalmente, la separación.

La prosperidad integral no depende exclusivamente de nuestra capacidad económica sino de la forma en la que elegimos vivir cada día y tiene más que ver con una actitud del corazón y un estado del alma, que con el estado de una cuenta bancaria.

Una idea importante para recordar sería: La tarea más importante en la vida es, justamente, vivir. Donde "vivir" significa mucho más que meramente existir. Significa parar de correr detrás de las cosas materiales y superficiales, y comenzar a perseguir las cosas más significativas de la vida.

La satisfacción personal y el aprender a "vivir"

Tengo un examen para comprobar nuestros conocimientos sobre este tema.

En un interesante estudio realizado por la televisión educacional estadounidense sobre el consumismo en el país y publicado en el Internet[1] se descubrió que el porcentaje de estadounidenses que contestaron diciendo tener vidas "muy felices" llegó a su punto más alto en el año. Elige una de las siguientes fechas:

1) 1957   2) 1967   3) 1977   4) 1987   5) 2007

La respuesta correcta es la número uno. La cantidad de gente que se percibía a sí misma como "muy feliz" llegó a su pico máximo en 1957 y se ha mantenido bastante estable o ha declinado un poco desde entonces. Es interesante notar que la sociedad estadounidense de nuestros días consume el doble de bienes materiales de los que consumía la sociedad de los años 50. Sin embargo, y a pesar de tener menos bienes materiales, aquellos se sentían igualmente felices.

---

1. http://www.pbs.org/kcts/affluenza/diag/what.html.

Aprender a "vivir", entonces, significa descubrir la tarea para la cual hemos nacido, poner en práctica los talentos y los dones que la vida nos ha dado, concentrarnos en las cosas trascendentes como servir y enriquecer la vida de nuestro cónyuge, amar y enseñar a nuestros hijos, desarrollar nuestra vida personal y profundizar nuestra vida espiritual. El dinero viene de acompañante en el camino.

Dios quiere que tú, como cristiana, tengas vida y la tengas en abundancia.[2] Sin embargo, el mismo Señor Jesús nos dice que: "*La vida del hombre no consiste en la abundancia de los bienes que posee*".[3] ¿Qué significa, entonces, vivir abundantemente?

Vivir nuestra vida, y vivirla en abundancia, significa aprender a disfrutar el ver a nuestros niños jugar en el fondo de la casa. Emocionarnos al decir el "Padre Nuestro" por primera vez junto a sus camas y darles el besito de las buenas noches. Significa preocuparnos por la vida de la gente, ayudar a pintar la casa del necesitado, arreglarle el auto a una madre sin esposo, y escuchar en silencio hasta cualquier hora de la noche el corazón del amigo herido.

Vivir en abundancia significa extender la mano amiga a los pobres, aprender a restaurar al caído y sanar al herido. Significa, para los varones, poder mirar a nuestra esposa a los ojos y decirle honestamente "te amo". Para las mujeres "significa, para ti". Poder llegar a ser un modelo de líder-siervo para nuestros hijos. Significa dejar una marca más allá de nuestra propia existencia.

Poco tiene que ver este concepto de la felicidad y la satisfacción personal con las enseñanzas de los comerciales televisivos o los evangelistas del materialismo. Si en algo estoy de acuerdo es que el dinero no hace la felicidad, y, sinceramente, no se hasta cuánto ayuda.

Hoy tú puedes comenzar un viaje diferente. Hoy puedes empezar a caminar por una senda que nunca te ha sido presentada antes: la senda hacia la prosperidad integral.

Sin embargo, yo sólo te puedo mostrar el camino... tú eres la única que puede tomar la decisión de seguirla. Yo no puedo cambiar tu actitud frente a la vida, la dinámica de tu pareja o los valores que te tienen anclada en el nivel económico en el que estás el día de hoy.

2.   Paráfrasis de las palabras de Jesús, nuestro Señor en el Evangelio de San Juan, capítulo 10, verso 10.
3.   Jesús, Nuestro Señor. San Lucas, capítulo 12, verso 15. Biblia RV60.

Si quieres salir de donde estás, tienes que comenzar a hacer las cosas de forma diferente. Pero lo tienes que hacer tú misma... y debes comenzar hoy. ¿Estás lista?

¿Qué es la riqueza?

No todo lo que brilla es oro y la riqueza no es lo que aparenta ser. Hay un libro muy interesante sobre el asunto, se llama "El millonario de al lado"[4] de Thomas J. Stanley y William D. Danko. Es uno de los libros más vendidos del mundo y es una ventana a la vida de los millonarios de los Estados Unidos.

Stanley y Danko dedicaron años de trabajo e investigación a estudiar el comportamiento de los millonarios en Estados Unidos. Me gustaría compartir contigo algunas cosas interesantísimas que descubrieron.

Una de las revelaciones que los autores hacen, por ejemplo, es que en los Estados Unidos mucha gente que vive en casas costosas y manejan automóviles de lujo no tienen, en realidad, mucha riqueza. Mucha gente que tiene una gran cantidad de riquezas no vive en los barrios más sofisticados del país.[5]

La mayoría de la gente se confunde cuando piensa sobre el concepto de la riqueza. Riqueza no es lo mismo que entradas de dinero. Uno puede tener un salario altísimo y no ser rico porque podría estar gastando todo lo que recibe. La riqueza, sin embargo, tiene que ver con lo que tú acumulas, no con lo que gastas.[6]

¿Cuál es el secreto para acumular riquezas? Raramente se trata de tener suerte o recibir una herencia, o de tener un título universitario o, aún, de poseer un alto nivel de inteligencia. La riqueza, dicen Stanley y Danko, que en la mayoría de los casos tiene que ver con un estilo de vida de trabajo duro, perseverancia, planeamiento y, sobre todo, de disciplina personal.[7]

En los Estados Unidos solamente tres millones y medio de hogares (3,5% de los hogares del país), tienen una diferencia de más de un millón de dólares entre su activo y su pasivo. La mayoría de esta gente vive

4.   Thomas J. Stanley y William D. Danko. *The Millionaire Next Door, The Surprising Secrets of America's Wealthy.* Pocket Books, 1996, pág. 257.
5.   Ídem página 1.
6.   Ídem página 1.
7.   Ídem página 2.

gastando menos de lo que gana, viste trajes baratos, maneja vehículos nacionales (la mayoría de estos millonarios nunca ha pagado más de 30.000 dólares por un automóvil en su vida), e invierte entre el 15 y el 20 porcentaje de sus ingresos.[8]

¿Cuál es la razón por la que, proporcionalmente, tan poca gente es realmente adinerada en los Estados Unidos? Stanley y Danko dicen que, a pesar de estar ganando más de 10.000 dólares por mes, la mayoría de esos hogares no son realmente ricos porque tienen una tendencia a caer en deudas y a consumir insaciablemente. Esas familias creen que si no demuestran tener posesiones materiales en abundancia no son exitosos.[9]

Entonces, como puedes ver, la vida de un millonario en los Estados Unidos no es tan glamorosa como nos la presentan en televisión o en las películas. Dicen los investigadores del libro "El millonario de al lado" que las tres palabras que presentarían un perfil apropiado de los ricos del país del norte son: frugalidad, frugalidad y frugalidad.[10]

No es que sean avaros, pero odian el derroche. Puede que para el cumpleaños de la esposa le compren un diamante. ¡Pero se enojarían si se dieran cuenta de que la luz del baño ha quedado encendida sin razón durante toda la noche!

¿Cómo convertirte en la mujer que prospera?

Ahora que hemos entendido juntos qué significa, realmente, la riqueza y cuál debe ser nuestra meta cuando hablamos de tener una vida abundante, podemos dedicar el resto del libro a descubrir los secretos para alcanzar esa prosperidad que tanto anhelas.

Tu prosperidad económica y la de tu familia son como una bella flor que tiene cinco maravillosos pétalos. Cada uno de ellos, tiene colores cálidos y atractivos que hacen de esa flor un milagro inusual y encantador en el mundo. Sin todos esos elementos, no sería una flor tan bella.

Lo mismo ocurre con tu camino hacia la prosperidad. Así como todos los colores de una flor deben estar presentes y desarrollarse en conjunto para que el milagro de la belleza ocurra, de la misma manera tú debes trabajar en los ingredientes para la prosperidad integral. Este libro no tiene "pasos", tiene ingredientes. Es como cuando haces un pastel:

8.   Ídem páginas 9, 10 y 12.
9.   Ídem página 36.
10.   Ídem página 28.

todos los ingredientes tienen que estar presentes para poder obtener el resultado que deseas.

Si acumulas mucho dinero, pero te has olvidado de vivir (como cantaba alguna vez el famoso Julio Iglesias), de nada valdrá todo tu esfuerzo. Si tienes una excelente relación con tus hijos, pero no les puedes dar los gustos porque te falta dinero, tampoco es lo ideal.

Entonces, a medida que leas este libro, en conjunto y poco a poco, debes trabajar en cada una de estas cinco áreas de tu vida al mismo tiempo.

¿Quieres saber cuáles son esas cinco áreas en las que debes trabajar para prosperar?

Para eso, nos tendrás que seguir en un emocionante viaje e incluso a través del tiempo y hacia las tierras del Medio Oriente. Debemos transportarnos en el tiempo al siglo X antes de Cristo.

Los secretos para la mujer que prospera son el legado eterno de una sabia mujer cuyo hijo se convirtió en un rey del norte de la península arábica.[11] No tenemos su nombre, sólo el de su hijo, pero en los últimos tres mil años, millones de personas por todo el mundo se han beneficiado de sus sabios consejos.

Sus palabras, como las de muy pocas mujeres en la historia, han quedado guardadas para siempre[12] en los escritos sagrados de la Palabra de Dios. Hoy, te invitamos a estudiar juntos y el perfil de esta excelente mujer, la madre del rey Lemuel, guardados en el capítulo 31 del libro de los Proverbios.

¡Bienvenida al mundo de las mujeres que prosperan!

Andrés

---

11. *Biblia del diario vivir.* 2000, © 1996 (electronic ed.) (Proverbios 31:1). Nashville: Editorial Caribe.

12.   En el libro de San Mateo, capítulo 24, verso 35, Jesús, nuestro Señor, dice que el cielo y la tierra pasarán, pero la Palabra de Dios no pasará —durará para toda la eternidad.

LA MUJER QUE PROSPERA

Enseñanzas de la madre del rey Lemuel: **Proverbios 31:10–31**
(En acróstico. Cada frase comienza con una letra del alfabeto hebreo.)

Mujer hacendosa, ¿quién la hallará?
Su valor supera en mucho al de las joyas.

En ella confía el corazón de su marido,
y no carecerá de ganancias.

Ella le trae bien y no mal
todos los días de su vida.

Busca lana y lino,
y con agrado trabaja con sus manos.

Es como las naves de mercader,
trae su alimento de lejos.

También se levanta cuando aún es de noche,
y da alimento a los de su casa,
y tarea a sus doncellas.

Evalúa un campo y lo compra;
con sus ganancias planta una viña.

Ella se ciñe de fuerza,
y fortalece sus brazos.

Nota que su ganancia es buena,
no se apaga de noche su lámpara.

Extiende sus manos a la rueca,
y sus manos toman el huso.

Extiende su mano al pobre,
y alarga sus manos al necesitado.

No tiene temor de la nieve por los de su casa,
porque todos los de su casa llevan ropa
escarlata.

Se hace mantos para sí;
su ropa es de lino fino y de púrpura.

Su marido es conocido en las puertas,
cuando se sienta con los ancianos de la tierra.

Hace telas de lino y las vende,
y provee cinturones a los mercaderes.

Fuerza y dignidad son su vestidura,
y sonríe al futuro.

Abre su boca con sabiduría,
y hay enseñanza de bondad en su lengua.

Ella vigila la marcha de su casa,
y no come el pan de la ociosidad.

Sus hijos se levantan y la llaman
bienaventurada,
también su marido, y la alaba diciendo:

Muchas mujeres han obrado con nobleza,
pero tú las superas a todas.

Engañosa es la gracia y vana la belleza,
pero la mujer que teme al SEÑOR, ésa será
alabada.

Dadle el fruto de sus manos,
y que sus obras ababen en las puertas. (LBLA*)

---

*   La Biblia de las Américas. Copyright © 1986, 1995, 1997 de The Lockman Foundation.

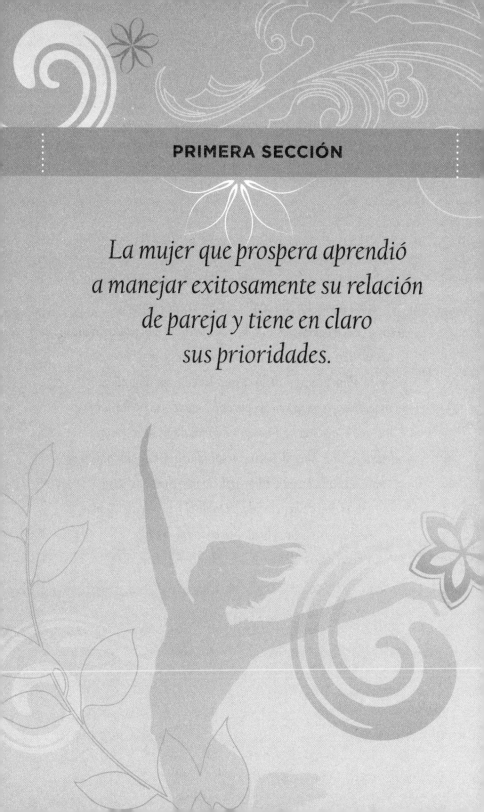

La mujer que prospera aprendió
a manejar exitosamente su relación
de pareja y tiene en claro
sus prioridades.

"Mujer hacendosa, ¿quién la hallará? Su valor supera en mucho al de las joyas. En ella confía el corazón de su marido, y no carecerá de ganancias Ella le trae bien y no mal todos los días de su vida. También se levanta cuando aún es de noche, y da alimento a los de su casa, y tarea a sus doncellas. Su marido es conocido en las puertas, cuando se sienta con los ancianos de la tierra. Fuerza y dignidad son su vestidura; y sonríe al futuro. Abre su boca con sabiduría, y hay enseñanza de bondad en su lengua. Ella vigila la marcha de su casa, y no come el pan de la ociosidad. Dadle el fruto de sus manos, que sus obras la alaben en las puertas".

PROVERBIOS 31:10–12, 15, 23, 25–27, 31 (LBLA)

CAPÍTULO 1

LA IMPORTANCIA DE LOS VALORES Y DE CONOCERTE A TI MISMA

Dr. Andrés Panasiuk

"Mujer hacendosa, ¿quién la hallará?
Su valor supera en mucho al de las joyas.
En ella confía el corazón de su marido,
y no carecerá de ganancias."
PROVERBIOS 31:10–11 (LBLA)

Si quieres ser una mujer próspera, debes asegurarte de que tú tienes los valores apropiados y, si estás casada, tu esposo también debe tenerlos. Proverbios 31:11 comienza diciendo que, para que las cosas te vayan bien, tu esposo debe confiar en ti, y para que eso pueda ocurrir, los dos tienen que estar de acuerdo en ciertas cosas esenciales de la vida. Aquí verás aspectos en los que tenemos que estar de acuerdo: 1) Dios nos ha hecho diferentes; 2) Dios nos ha dado diferentes roles; 3) Dios espera que aprendamos a *complementarnos* y no a competir.

Dios nos ha hecho diferentes

No hace mucho tiempo atrás, una amiga me dijo: "Mira Andrés: las mujeres solteras se quejan de que todos los hombres buenos ya están casados, mientras que las casadas siempre se quejan de lo mediocre que son sus esposos. Eso puede significar una sola cosa: ¡no hay un hombre que valga la pena!" Le agradecí el "piropo" y después pensé: "Con amigas como estas, ¡¿quién necesita enemigas?!"

En realidad, no es que no haya un hombre o una mujer que no valga la pena. Lo que ocurre es que muchas veces llegamos al casamiento con uno de dos síndromes:

a. El Síndrome de la Cenicienta: "Este es mi Príncipe Azul y (a pesar de que estoy segura de que debe tener alguna), ¡no le encuentro ninguna falla!"

a. El Síndrome de La Bella y La Bestia: "Sí. Es cierto que es una bestia, pero denme cuatro meses y ¡lo convertiré en todo un caballero!"

La verdad es que hay cosas en nuestra pareja que cambiaremos inmediatamente, cosas que cambiaremos a través de los años y ¡cosas que no cambiaremos nunca!

Dios nos ha creado a cada uno diferente.[13] Cada uno de nosotros tenemos una personalidad muy particular y, normalmente, "los opuestos se atraen". ¡Cuántas veces hemos visto mujeres ahorrativas casadas con hombres que no saben cuándo parar de comprar cosas! O varones bien organizados en las finanzas del hogar, casados con mujeres que no tienen la más remotísima idea de dónde se les fue el dinero.

Sin embargo, Larry Burkett, mi mentor y también quien me permitió expandir este ministerio en el mundo hispanohablante, siempre solía decir: "Si en una pareja los dos fueran iguales... ¡entonces hay uno que sobra!"

Nuestra organización, aparte de hacer alfabetización financiera, también es una importante organización de orientación vocacional.[14] En el proceso de orientar vocacionalmente a miles y miles de personas por

13. Ver Libro de los Salmos, capítulo 139, versos 13 al 16.
14. Visita nuestro propio sitio en www.lamujerqueprospera.org.

todo el mundo, utilizamos una herramienta que, básicamente, describe las diferentes personalidades en cuatro maneras diferentes: Dominantes, Influyentes, Estables (Serenos) y Conscientes.

Quizás hayas leído sobre estos diferentes tipos de personalidades en el libro de Tim LaHaye llamado "Temperamentos Controlados por el Espíritu".[15] El autor los llama Colérico, Sanguíneo, Flemático y Melancólico. La monografía del Licenciado Antonio Sánchez Martínez[16] también tiene una clara explicación de cada uno de los temperamentos y cuáles son sus fortalezas y sus debilidades. Podrás leer esta monografía completa en el Apéndice 1 al final del libro.

Por lo pronto, me gustaría compartir contigo un breve resumen de cada una de las personalidades de las que estamos hablando. También te voy a dar algunas "palabras clave" que describen el perfil y cómo cada perfil afecta el área de las finanzas. Puedes invitar a tu esposo a leerlo también.

Al final de cada explicación, también he colocado un par de ejemplos, uno bíblico y uno del mundo de hoy, para que veas qué tipos de personas representan a cada uno de los perfiles.

Carácter colérico / dominante (d)

La gente con una personalidad dominante tienen una tendencia natural hacia el control del ambiente de trabajo. Son usualmente firmes, directos y de voluntad fuerte. Son típicamente agresivos y temerarios. Obtienen resultados a través de la acción. Funcionan mejor en un ambiente desafiante.

Palabras clave:

Áreas fuertes	Áreas débiles
• Independiente	• Impaciente
• Busca resultados	• Insensata
• Confiada	• No detallista
• Directa	• Mal oyente
• Buena para resolver problemas	• Odia las rutinas

15. Original en inglés: "Spirit-Controlled Temperament". Tyndale House Publishers, © 1966 Post Inc, La Mesa California, Estados Unidos. Versión en español por Editorial Unilit, Miami, Florida, Estados Unidos.
16. Antonio Sánchez Martínez. Licenciado en Química, Graduado en la Universidad de Carabobo, Facultad de Ingeniería, Escuela de Química, República de Venezuela.

La "dominante" y sus finanzas:

En el ámbito de las finanzas, la "dominante" toma decisiones económicas en forma firme, rápida e impulsivamente. Posee la tendencia a desarrollar negocios exitosos y a liderar en momentos de incertidumbre y dificultad. Sin embargo, le resulta difícil vivir según un presupuesto y por eso corre grandes riesgos y vive fuera del límite de su capacidad económica. Tiende a realizar compromisos presentes basados únicamente en ganancias futuras.[17] También suele transgredir el "principio del compromiso garantizado"[18] (cuando asume un compromiso económico sin tener una forma cierta de pagarlo). Esto la lleva a tener serios problemas con las deudas, especialmente con los préstamos y las tarjetas de crédito en la economía latinoamericana de hoy. Su falta de atención al detalle, su enfoque en las metas y su testarudez la lleva, muchas veces, a desarrollar problemas financieros en sus negocios y en su relación de pareja. Tiene la tendencia a arriesgar económicamente a su familia por cumplir con sus metas de negocios. Puede meterse en serios problemas con la ley si está bajo mucha presión financiera porque "el fin justifica los medios".

En la Biblia	En el mundo
Sara, la esposa de Abraham.	Bárbara Walters, famosa personalidad de la TV estadounidense.
El apóstol San Pablo.	General George Patton, héroe de la II Guerra Mundial

Carácter sanguíneo / influyentes (i)

La gente con carácter influyente tiene una tendencia natural a relacionarse con otros. Por lo general son elocuentes, amistosos, extrovertidos y optimistas. También motivadores entusiastas que buscan a otros para que los ayuden a lograr sus metas. Funcionan mejor en un ambiente amigable.

---

17.   "Presumir sobre el futuro" transgrede el pasaje de la Biblia en Proverbios 27:1.
18.   Ver Proverbios 22:26–27.

Palabras clave:

Áreas fuertes	*Áreas débiles*
• Extrovertidos	• Hablan demasiado
• Elocuentes	• Desorganizados
• Entusiastas	• Emocionales
• Optimistas	• Problemas: tiempo
• Divertidos	• No miran los detalles importantes

El influyente y sus finanzas:

En el ámbito del dinero, el sanguíneo toma decisiones económicas impulsivamente y con el corazón. Le resulta muy difícil vivir según un presupuesto y dentro de sus medios económicos. Como es tan positivo con respecto al futuro, tiene la tendencia de realizar compromisos presentes basados únicamente en ganancias futuras (presume del futuro al no acatar el pasaje de la Biblia en Proverbios 27:1). También tiene la tendencia a transgredir el "principio del compromiso garantizado"[19] (tomar un compromiso económico sin tener una forma cierta de pagarlo).

Esto lo lleva a tener serios problemas con las deudas, especialmente con los préstamos y las tarjetas de crédito en la economía latinoamericana de hoy. También desarrolla problemas financieros en sus negocios y en su relación de pareja, especialmente si su cónyuge es melancólico o flemático. Puede meterse en serios problemas con la ley si está bajo mucha presión financiera.

En la Biblia	En el mundo
María Magdalena	Kathie Lee Gifford, famosa personalidad de la TV estadounidense.
El apóstol San Barnabás.	Presidente Ronald Reagan

Carácter flemático / estable (s)

La gente estable (o serena) tiene un alto nivel de estabilidad y está naturalmente motivada a cooperar con otros. Son pacientes, coherentes

---

19. Ver Proverbios 22:26–27.

y muy confiables. Son amigables y perdonadores. Son excelentes miembros de equipos. Funcionan mejor en un ambiente que los apoye y sea armonioso.

Palabras clave:

Áreas fuertes	*Áreas débiles*
• Pacificadores	• Comprometen valores
• Buenos oyentes	• Se resisten al cambio
• Pacientes	• Evitan la confrontación
• Productivos	• Indiferentes
• Confiables	• Muy sensitivos

La flemática y sus finanzas:

En el ámbito del dinero, la flemática toma decisiones económicas con mucho cuidado y temor. Le resulta mucho más fácil que al colérico y al sanguíneo vivir según un presupuesto y dentro de sus medios económicos. Es buena para acatar reglas y manejarse con reglamentos. Ni bien aprende "cómo se deben hacer las cosas", las hace de esa manera. Una vez que los aprende, la obediencia a los principios y los conceptos bíblicos la llevan a evitar meterse en serios problemas económicos tanto en la familia como en los negocios.

Sin embargo, por otro lado, como tiene indecisión y temor con respecto al futuro, le cuesta mucho trabajo tomar decisiones por sí misma. Eso le impide responder rápidamente frente a emergencias o aprovechar oportunidades económicas que sólo se dan muy raramente en la vida. También, la apariencia de lentitud y falta de compromiso le impiden obtener ascensos.

Las flemáticas no tienen serios problemas con las deudas; pero, por su falta de iniciativa, sí tienen problemas en sobrevivir por sí mismas si pierden su trabajo. Las tensiones económicas en la pareja vienen al casarse con un colérico o un flemático.

En la Biblia	En el mundo
Abraham, patriarca del pueblo de Israel.	Jackie Kennedy, viuda del presidente John Kennedy.
Ana, la madre del profeta Samuel	Presidente George Bush (padre)

Carácter melancólico / consciente (c)

La gente que es consciente se concentra en hacer las cosas bien. Son personas detallistas y siguen las reglas y los reglamentos con facilidad. Típicamente buscan la calidad y la precisión, y, por lo tanto, tienen altas expectativas de sí mismas y de los demás. Funcionan mejor en un ambiente estructurado.

Palabras clave:

Áreas fuertes	*Áreas débiles*
• Analítico	• Frío/Distante
• Organizado	• Estándares irreales
• Cuidadoso	• Internaliza las emociones
• Preciso/Detallado	• Perfeccionista
• Consciente	• Muy analítico

El melancólico y sus finanzas:

En el ámbito del dinero, el melancólico es metódico y perfeccionista. Toma decisiones económicas con mucho cuidado y temor. En realidad, ¡le resulta casi imposible tomar decisiones económicas! Su carácter metódico y perfeccionista le permite obedecer sin ningún problema un plan económico y se pregunta cómo es posible que otra gente no lo pueda hacer. Casi siempre vive dentro de su estatus social y es magnífico siguiendo reglas y reglamentos. A decir verdad, se siente seguro funcionando dentro de estos encuadres.

Una vez que establece principios y conceptos bíblicos en su vida, nunca se mete en serios problemas económicos tanto en la familia como en los negocios.

Por otro lado, el tomar decisiones o innovar le cuesta mucho trabajo. Eso le impide responder rápidamente frente a emergencias o aprovechar oportunidades económicas únicas. Una persona de fuerte perfil melancólico debería buscar negocios que no representen altos niveles de riesgo y hacer dinero ganando pequeñas batallas a lo largo del tiempo, donde el dinero se gane metódicamente, poco a poco, a través de los años.

En la empresa, debería evitar trabajos como los de presidente y si lo es, tiene que buscar inmediatamente una persona en la que delegue todas las funciones gerenciales y operacionales. Luchar contra la desconfianza en la capacidad de otros es clave para alcanzar la prosperidad.

Los melancólicos raramente tienen serios problemas con las deudas. Sin embargo, su perfeccionismo, su legalismo, sus demandas para con los demás, su rigidez y su larga memoria por los pecados cometidos en su contra mantienen lejos la gracia de Dios en su vida y, por ende, la prosperidad integral. Las tensiones económicas en la pareja vienen como resultado de las debilidades de su carácter y las serias dificultades que tiene para trabajar en equipo.

En la Biblia	En el mundo
El profeta Elías.	Elizabeth Dole, ex candidata presidencial estadounidense.
San Lucas.	Jimmy Carter, presidente estadounidense.
	Albert Einstein, científico.

Recuerda que puedes profundizar sobre el tema de la personalidad en el Apéndice 1 al final del libro, en cualquier momento que tú desees. También puedes visitar la página www.lamujerqueprospera.org para obtener más información.[20] Conocer el perfil de cada integrante de la pareja ayuda a aprender a complementarse, en vez de competir el uno con el otro al momento de manejar el dinero.

Dios nos ha dado diferentes roles

Ana estudia en la universidad y su esposo, Juan, envía a los niños a la escuela cada mañana, limpia la casa y cocina para todos. Cuando sus hijos eran pequeños, Ana estaba en casa. Pero ahora que todos van a la escuela, la familia ha decidido invertir en la carrera médica de Ana.

En los Estados Unidos, donde Juan y Ana viven, las personas que son especialistas en el área de la salud pueden ganar en un fin de semana lo que una persona normal gana en un mes de arduo trabajo. Así que, Ana y Juan han intercambiado responsabilidades. Ella es la que va a especializarse y Juan la va a ayudar con algunas de las tareas que ella antes hacía para que Ana pueda concentrarse en cosas que nadie puede

20. Agradecemos a http://enchiel.blogspot.com por permitirnos usar este examen en nuestro sitio de Internet.

hacer por ella en casa, como desarrollar su vínculo emocional con su pareja y sus hijos.

La mujer que prospera, entonces, es la que, además de entender su perfil de personalidad y el de su esposo, también acuerda con él los roles que cada uno va a desempeñar en la pareja y en la familia. Quiero que te detengas aquí y que, si tienes pareja, lean juntos el material que sigue hasta el final de esta sección. Mi recomendación es que lean un capítulo en voz alta cada uno y, luego, tomen notas para la aplicación práctica de estas ideas.

El poder de los paradigmas

Al estudiar la Palabra de Dios, vemos que hay ciertas responsabilidades que son opcionales en la pareja y ciertas que son ineludibles.

Para entender cuáles son las ineludibles y cómo trabajar con las opcionales, uno necesita realizar ciertos cambios de paradigmas, cambios en la forma en la que vemos la vida.

Fue Thomas Kuhn quien en su libro *The Structure of Scientific Revolution* (La estructura de la revolución científica) realmente trabajó duro en entender, aplicar y hacer conocer el término "paradigma" en el mundo. Willis Harman del *Stanford Research Institute* continúa la labor de Kuhn y explica que un paradigma "es la forma básica de percibir, pensar, valorar y hacer, como respuesta a una visión particular de la realidad".[21]

Los paradigmas son poderosos en nuestra vida. Son el lente a través del cual interpretamos la realidad circundante y proveen el ambiente para la toma de decisiones en nuestra vida, tanto buenas, como malas. Los paradigmas son el mapa que nos permite entender dónde estamos, a dónde queremos ir y cómo llegaremos a cumplir nuestras metas.

Supongamos, por ejemplo, que alguien nos invita a visitar la ciudad de Lima (Perú). Cuando llegamos, alquilamos un automóvil, tomamos la dirección de la persona que hemos venido a visitar y, como nunca hemos estado antes en esa preciosa ciudad de Sudamérica, pedimos un mapa. Entonces recibimos un mapa que dice "Lima" en la parte superior, que tiene en su contorno dibujos y fotos de Lima, pero, por un error

21. Harman, Willis W. Global Mind Change, *Global Mind Change: The Promise of the 21st Century*. Berrett-Koehler Publishers, 1998, pág. 8.

de imprenta, en realidad, es un mapa de Caracas, Venezuela. Nosotros podemos tener las mejores intenciones del mundo, podemos hacer el máximo esfuerzo para llegar a nuestro destino, podemos tener la mejor actitud mental positiva del mundo, y aún sonreír a todos los que nos rodean, pero sin el mapa apropiado ¡estamos perdidos!

Hace algunos años atrás, en el libro de Stephen Covey *The Seven Habits of Highly Effective People* (Los siete hábitos de la gente altamente efectiva), encontré una historia que ilustra perfectamente este tema de cómo los paradigmas afectan nuestras actitudes y lo poderoso que puede ser realizar un cambio.

El Doctor Covey cuenta que un domingo por la mañana se hallaba viajando en un subterráneo de la ciudad de Nueva York. Las personas estaban sentadas calladamente. Algunos estaban leyendo sus periódicos, otros se encontraban perdidos en sus propios pensamientos, otros descansaban con los ojos cerrados. Era una escena de profunda paz y tranquilidad.

De pronto, un hombre y sus hijos subieron al tren. En un instante, todo el ambiente cambió. Los niños comenzaron a gritar y a correr de un lado a otro del vagón, tirando sus juguetes al piso, peleándose y molestando sin cuidado a los pasajeros. Aún así el padre de los niños, que se había sentado al lado de Covey e inmediatamente cerrado sus ojos, ni se movía.

Era difícil no sentirse irritado. Era increíble que un hombre pudiera ser tan insensible como para dejar que sus hijos corrieran como locos y no hacer nada al respecto. También, uno podía darse cuenta de inmediato de que todas las demás personas en el vagón del tren se sentían irritadas por la bulla.

Finalmente, con lo que consideró una gran demostración de paciencia y dominio propio el famoso autor se volteó hacia el padre y le dijo: "Señor, sus hijos están molestando a muchas personas. Me pregunto si podría hacer algo para controlarlos un poco más".

El hombre levanto su mirada, como recuperando la conciencia y dándose cuenta de la situación por primera vez dijo en voz casi susurrante: "Tiene razón, debería hacer algo. Es que acabamos de salir del hospital donde su mamá murió hace solamente una hora atrás. Estoy tan confundido... no se qué pensar, y me imagino que ellos tampoco saben cómo reaccionar frente a la pérdida".[22]

¿Cómo te habrías sentido al escuchar esa confesión de los labios de este padre de familia? Quizás habrías visto las cosas desde una perspectiva totalmente diferente ¿no es cierto? y eso te hubiera hecho comportarte de manera diferente también. Tu irritación habría desaparecido inmediatamente y tu corazón se habría llenado de dolor y compasión por la tragedia que este hombre y sus hijos estaban experimentando. Quizás le habrías dicho: "¿Tu esposa acaba de morir? ¡Discúlpame! ¿Qué puedo hacer para ayudarte?". Todo hubiera cambiado en solamente un instante. Ese es el poder de un cambio de paradigma. Te permite comenzar a ver la vida de una manera completamente distinta.

En este libro, te vamos a invitar a que realices algunos cambios importantes de paradigmas que han estado incrustados en tu vida desde muy temprano. Necesitas rechazar los viejos mapas y abrazar los nuevos para llegar a ser la mujer próspera que Dios quiere que seas. ¿Estás lista?

Los nuevos paradigmas

La provisión personal y familiar

El primer cambio de paradigma tiene que ver con el canal que Dios usa para la provisión de la familia. Proverbios 10:22 dice que *"La bendición de Jehová (Yahveh) es la que enriquece"* (RV60). No es nuestro trabajo duro, ni nuestra inteligencia, nuestros estudios o nuestras conexiones las que nos enriquecen. Es la bendición de Jehová. El Salmo 127:1–2 dice al respecto: *"Si Jehová no edificare la casa, en vano trabajan los que la edifican; si Jehová no guardare la ciudad, en vano vela la guardia. Por demás es que os levantéis de madrugada, y vayáis tarde a reposar, y que comáis pan de dolores; pues que a su amado dará Dios el sueño"* (RV60).

No es el arduo trabajo del varón ni de la mujer lo que enriquece a una familia. Es la bendición de Jehová. Él es nuestro *Jehová Jiré:*[23]

---

22. http://tusombraeterna.blogspot.com/2004/08/un-domingo-por-la-maana.html.
23. Hebreo: "El Señor da lo necesario" o "El Señor provee". Este es uno de los nombres de Dios que proviene de Génesis 22:14, cuando Dios provee un carnero para sustituir a su hijo Isaac en el sacrificio que se le había pedido que hiciera sobre el monte Moriah.

Nuestro proveedor y el dueño de todo lo que tenemos hoy y todo lo que tendremos en el futuro. El rey David dice en 1 Crónicas 29:11b y 12: *"Tuyo es todo cuanto hay en el cielo y en la tierra. Tuyo también es el reino y tú estás por encima de todo. De ti proceden la riqueza y el honor; Tú lo gobiernas todo. En tus manos están la fuerza y el poder, y eres tú quien engrandece y fortalece a todos"* (NVI).

A veces, escuchamos a varones que llegan a su casa y pegan el grito en el cielo:

"¡A ver si me apagan la luz cuando salen del baño, que me cuesta sangre, sudor y lágrimas traer dinero a esta casa!". ¿Notaste el "me" de "si me apagan la luz" y "que me cuesta"? La verdad, es que la casa no te pertenece, ni tu trabajo tampoco. Lo que tienes, lo tienes por la gracia de Dios y por Su gracia también es que te has levantado hoy con suficiente salud y fuerzas como para ir a trabajar. Él te da el poder para hacer riquezas (muchas o pocas) y todas ellas le pertenecen al Señor.

Recuerdo como si fuera hoy ese día de septiembre de 1996 cuando nuestro querido médico clínico miró a mi esposa a los ojos y le dijo: "Señora, los resultados de sus exámenes nos dicen que usted tiene un cáncer que es hereditario. Ya ha matado a dos miembros de su familia, una tía y una prima. Usted tiene una niña de 6 años y una de 3. Si yo estuviera en su lugar, haría los preparativos para el cuidado de sus dos hijitas porque su futuro es incierto".

Ese día, tomado de las manos de mis hijitas, de pronto entendí lo frágil que es la vida, las cosas importantes por las que debería pelear y las estúpidas por las que nunca debería haberme peleado. Ese fresco día de septiembre, en una tierra extraña, parado en la plaza de un pequeño pueblito a 10.000 kilómetros al norte de mi país, entendí "quién" era, de verdad, mi proveedor; y el dueño de mi vida (y de la de mi esposa). Entendí que si hoy he abierto los ojos para poder escribir este libro, es solamente por Su gracia y por Su amor.

El hombre no es el proveedor del hogar, ni tampoco la mujer

El segundo paradigma que tenemos que romper, entonces, es la idea de que "el varón es el proveedor (y, a veces, hasta el dueño) del hogar". Sé que eso es muy cultural. Pero no es bíblico. Debemos parar de enseñarlo y de pasárselo a las siguientes generaciones. *Jehová Jiré* es nuestro Proveedor. Él provee a veces a través del varón, a veces lo hace a través de la mujer, a veces a través de los dos y a veces nos provee a través ¡de ninguno de los dos!

Recuerdo que cuando recién nos casamos mi esposa ganaba 400 dólares al mes en su trabajo y yo ganaba otros 400 en el mío. El problema que teníamos era que el alquiler del departamentito nos costaba 435 dólares. Entonces: un salario no cubría el pago del alquiler ¡y todavía teníamos que viajar, comer, vestirnos y pagar por los servicios del departamento!

Lo peor vino cuando a los seis meses de casados mi esposa se enfermó muy seriamente y tuvo que dejar de trabajar. Por los siguientes seis meses, nosotros experimentamos la mano de Dios como *Jehová Jiré*, nuestro único Proveedor.

Recuerdo cómo, los lunes por la mañana, a veces abríamos la puerta de nuestro departamentito para encontrar toda la compra de la semana que alguien nos había dejado de regalo; o como, al finalizar el culto de adoración del domingo a la mañana alguna hermana mayor se me acercaba y colocaba un sobrecito en el bolsillo de mi saco y me decía al oído: "Andrés, esta es la provisión de Dios para ti y tu esposa para esta semana".

Debes romper con tu orgullo y con las enseñanzas enfermas del mundo y entender que todo lo que tienes y tendrás en la vida, todas las posibilidades económicas, todos los negocios, y toda la prosperidad financiera que disfrutarás en tu futuro, la tendrás por la gracia de Dios.

Recuerda que: "Un día de gracia vale más que mil días de trabajo", y tú no necesitas trabajar más duro, más horas para triunfar. Necesitas la gracia de Dios.

Ahora que hemos entendido este principio fundamental, podemos dejar de presionarnos y humillarnos unos a otros cuando un miembro de la pareja gana más que el otro y los varones pueden dejar de sentirse "menos hombres" cuando sus mujeres ganan más que ellos.

Esta actitud en la pareja es muy importante para que cada uno de los miembros se convierta en un elemento catalítico de la prosperidad de su pareja y no en un enemigo secreto. Si Dios está bendiciendo la labor de tu pareja, ¡únetele! y no le "trabajes" en contra.

Dios espera que nos complementemos
y no que compitamos

La mujer es la asesora financiera principal

Otro de los paradigmas importantes que debemos destruir es la idea de que las mujeres no saben nada sobre los negocios del hombre y por eso no necesitan ser consultadas para tomar importantes decisiones financieras. Esto es un grave error porque la mujer no necesita conocer los detalles de los negocios para ofrecer una opinión sólida sobre lo que se podría hacer. Ella ya conoce, en profundidad, lo más importante que hay que conocer: Conoce a su esposo y a Dios.

Cultura Financiera ha estado sirviendo a empresarios de todo el mundo por más de 35 años y nunca hemos visto un negocio irse a la quiebra por el consejo de la esposa. Normalmente es la decisión del esposo, ¡en contra del consejo de su mujer! la que lo lleva a la quiebra.

Creo que tenemos tantas mujeres en Latinoamérica caminando por las calles con la cara toda arrugada debido a que sus esposos no les permiten desarrollar el papel que Dios las ha llamado a desempeñar en la pareja. ¡Entonces, se frustran!

En Génesis 2:18, Dios dice: "*No es bueno que el hombre esté solo. Voy a hacerle una ayuda adecuada*" (NVI). La mujer ha sido diseñada para ser una "ayuda idónea" o "ayuda adecuada" para el marido y es su consejera principal, su asesora en la vida. A pesar de que la esposa no entienda la naturaleza de los negocios, ella tiene una perspectiva muy particular sobre la vida; y esa perspectiva es sumamente valiosa al momento de elegir el camino a seguir.

Frits Philips, ex presidente de la famosa compañía Philips, e hijo de su fundador, solía decir: "*Aquel que no le pide consejo a su esposa, se pierde la mitad de la gracia de Dios*".[24] Este comentario proclama una gran verdad.

Entonces, uno de los principales roles que debe jugar la mujer en el mundo del dinero es el de consejera. Cada vez que los varones tomamos una decisión económica debemos escuchar el consejo de nuestra esposa, porque ella es nuestra asesora financiera número uno. No estamos obligados a hacer lo que nos aconseje, pero estamos obligados a escucharla y considerarla.

---

24. Solía citar la Primera Carta Universal de San Pedro, capítulo 3, verso 7. San Pedro, siglo I d.C.

No existe nadie en este mundo que esté más comprometida con el bien y el éxito del varón que su mujer y cambiar este paradigma junto a tu esposo es esencial para tu prosperidad.

Los mismo debe ocurrir cuando la esposa tiene que tomar una decisión económica o realizar algún negocio, porque: *"en la multitud de consejeros está la victoria"* (RV60), dice el libro de los Proverbios, capítulo 24, verso 6.[25]

El dinero no es tuyo

Otro de los paradigmas que debemos cambiar antes de poder llegar a la prosperidad integral tiene que ver con la manera de manejar el dinero en la casa.

A medida que viajo por los países de Latinoamérica, y aunque más mujeres salen al campo laboral y comienzan empresas, se escucha más y más la siguiente conversación con respecto a los salarios de cada uno: "Querido: Este es *mi* dinero y ese es *tu* dinero. Con mi dinero pagamos el alquiler, los gastos de la casa y el entretenimiento; con tu dinero, pagamos la comida, la escuela de los niños, etc.".

Esa forma de diseñar el manejo del dinero en la casa es enferma. Sumamente popular ¡pero también perjudicial! Ese diseño va diametralmente en contra del diseño de Dios para la pareja. Cuando Dios creó a la primera pareja le dijo que debían dejar a su padre y madre para unirse a su cónyuge y ser *una sola carne*.[26] Piénsalo: Si son una sola carne ¿cuántos pozos económicos deberían tener?

La dinámica que muchas parejas del continente presentan el día de hoy es similar al problema que yo tendría si mi brazo derecho no quisiera compartir sus recursos con el brazo izquierdo porque nuestro cuerpo ha sido diseñado solamente para compartir recursos. Por lo tanto, nuestro matrimonio está diseñado para colaborar y no para competir. Hemos sido diseñados para trabajar en equipo. Por eso debemos trabajar en pro de este nuevo "diseño".

De acuerdo con un artículo publicado por las doctoras Pareena Lawrence y Marakah Mancini,[27] un estudio científico realizado en

25. Ver también el Libro de los Proverbios capítulo 11, verso 15 y capítulo 15 verso 22. Rey Salomón, Libros Sapienciales, siglo X a.C.
26. Libro de Génesis, capítulo 2, verso 24. Primer libro de la Ley (la Torá), siglo XV a.C. Biblia RV60.
27. Lawrence, Pareena G. y Mancini, Marakah. Household Decision-Making In Venezuela. *Rev.econ.inst.*, Jan./June 2008, vol. 10, no. 18, p. 213-239. ISSN 0124-5996.

Venezuela demostró que un 45% de los matrimonios todavía no toman decisiones económicas en conjunto. Me da la impresión que estos números venezolanos no son muy diferentes del resto de los países del continente. Para concluir considero que debemos tener un fuerte compromiso para poder prosperar.

La mesada de la esposa

Otro de los problemas con los que me he encontrado en el continente, es la idea de "la mesada". Esta es la mensualidad, o sea, una cantidad de dinero que el esposo arbitrariamente le da a su cónyuge para que cubra los gastos del hogar. No es una "suma o monto" que cada uno asigna en el presupuesto de gastos varios según lo que se decide gastar. Es una imposición por parte del varón hacia la mujer. Esta tampoco es una costumbre sana y debe terminar. Si los varones tratamos a la mujer como nuestra niña, y si las mujeres nos dejan que las tratemos como inmaduras, todos tus esfuerzos por ser una mujer que prospera serán en vano. Muchas veces, me he dado cuenta de que estas mujeres no saben cuánto gana su esposo, ni cuánto gasta. Lo único que saben es cuánto su esposo le da cada semana o cada mes. Entre las parejas donde la esposa no sale a trabajar fuera del hogar y no tiene otra entrada de dinero, más del 88% de ellas reciben una mesada, dicen Lawrence y Mancini.

Debemos romper con ese paradigma y comenzar a trabajar tal como Dios nos ha diseñado: como una sola carne. Debemos desarrollar y acordar nuestro "Plan de Control de Gastos" y decidir en conjunto quién maneja qué parte de ese plan porque somos un cuerpo y el secreto está en colaborar y no en competir.

Entonces, de ahora en adelante, en vez de decir "mi dinero" o "tu dinero" debemos decir: "¿Nuestro dinero?" ¡No! ¿No dijimos que Dios era el Dueño y Proveedor de todo? En realidad, deberíamos decir: "Este es el dinero de Dios y nosotros sólo lo manejamos".

PREGUNTAS Y PRÁCTICA
DEL CAPÍTULO 1

Todos somos diferentes porque Dios nos ha creado así, y también nos ha asignado roles distintos. Basado en estos conceptos responde:

1. ¿Por qué dentro del matrimonio no nos entendemos cuando debemos tomar decisiones económicas?

_____

_____

_____

2. ¿Cómo se pueden ayudar los cónyuges?

_____

_____

3. ¿Qué reglas podrías implementar en tu hogar para complementarte con tu cónyuge?

_____

_____

_____

4. ¿Quién es el mejor dotado para hacer el trabajo de administración de las finanzas del hogar? (Nota: esto se refiere a llevar las cuentas y asegurarse de que todos los pagos se hacen a tiempo.)

_____

_____

_____

Los paradigmas populares afirman que el trabajo y las relaciones enriquecen y bendicen. Sin embargo, tú has leído algo diferente. Expresa en tus propias palabras:

5. ¿Cuál es el elemento principal que te producirá riquezas? (Proverbios 10:22) y ¿quién es el verdadero proveedor de todo lo que tienes? (1 Crónicas 29:11–12)

_____

_____

_____

6. Menciona dos razones por las que la mujer es la asesora principal en finanzas en el matrimonio.

_____

_____

_____

CAPÍTULO 2

DIOS ANHELA QUE TENGAMOS VALORES FUNDAMENTALES

Dr. Andrés Panasiuk

Cinco valores fundamentales en los que Dios
espera que coincidamos:

1. El valor de la comunicación transparente
2. El valor del orden. Desarrollo de un "Plan para Controlar Gastos"
3. El valor del discernimiento: necesidades y deseos
4. El valor de la perseverancia
5. El valor del dominio propio

1. *Sinceridad: El valor de la comunicación transparente.*

El final del siglo XX y los comienzos del siglo XXI pueden pasar a la historia como la "era de las comunicaciones". El advenimiento de la radio, la TV, los discos, las comunicaciones vía satélite, los CDs, los DVDs y el lanzamiento de la Internet nos han traído al mundo un paquete de herramientas de comunicación como nunca antes las habíamos tenido.

Sin embargo, según Nancy Terry, las parejas de hoy hablan de las cosas importantes de la vida solamente unos 27 minutos por semana,[1] ¡menos de cuatro minutos por día! Es cierto que dicho estudio citado por Terry fue hecho en los Estados Unidos, pero me da la impresión de que las parejas latinoamericanas están pasando también por una crisis de comunicación. Por eso quiero destacar la importancia de una comunicación clara. Dios es un Dios comunicador por excelencia. Él determinó que toda la creación debería hablarse mutuamente. El Salmo 19, mi "salmo favorito de la comunicación" dice: "*Los cielos cuentan la gloria de Dios, y el firmamento anuncia la obra de sus manos. Un día emite palabra a otro día, y una noche a otra noche declara sabiduría. No hay lenguaje, ni palabras, ni es oída su voz. Por toda la tierra salió su voz, y hasta el extremo del mundo sus palabras*".[2]

Si toda la creación se comunica entre sí ¿por qué nosotros no nos podemos entender en casa?

Si quieres ser una mujer que prospera, necesitas encontrar la forma de comunicarte efectiva y transparentemente con tu esposo. Contarle tus triunfos y compartir tus inquietudes. Celebrar las victorias y llorar juntos las derrotas.

Hace muchos años, en algún lugar de los Estados Unidos, creo que en Chicago, escuché al Dr. James Dobson, fundador de Enfoque a la Familia, hablar sobre las dificultades que tienen las parejas para comunicarse efectivamente. Él decía que una de las raíces del problema es que las mujeres tienen un vocabulario mucho más avanzado que los varones. La damas, en general, tienen un léxico de unas ochenta mil palabras, mientras que sus esposos solamente cuentan con cuarenta mil.

Yo pensé inmediatamente: "El problema que yo tengo es que para cuando llego a mi casa, ya dije mis cuarenta mil palabras, y mi esposa, que se pasó todo el día con los niños, ¡todavía no empezó con sus ochenta mil!"

La verdad, es que finalmente la ciencia ha descubierto lo que todas las mujeres han sospechado a través de los siglos: ¡los hombres no estamos bien de la cabeza!

1.   Terry, Nancy. Couples and Work: Staying Connected and Productive. Achieve Solutions, septiembre 2007.
2.   Rey David. Salmo 19, capítulo 1, verso 4. Siglo X a.C. Biblia RV60.

En su libro *Cómo criar a los varones*[3] el Dr. Dobson explica que, entre la sexta y la séptima semana de vida, el cerebro de aquellos bebés que han de ser varones sufren un "baño" de la hormona llamada testosterona que, literalmente, daña ciertas zonas del cerebro. Una de estas zonas está asociada con el habla y la comunicación. Es por eso que los varones, en general, nunca alcanzan el nivel de sofisticación en el vocabulario como las niñas y, por ende, les cuesta expresar sus sentimientos.

Si estás casada, lee este poema junto con tu esposo:

Cuenta conmigo[4] (fragmento)

Cuenta conmigo
por si tuvieras que encontrar algún motivo,
si necesitas algo más que conformarte,
si se te ocurre, por ejemplo, enamorarte.
Aquí me tienes
siempre dispuesto
a ver el mundo como tú ni lo imaginas,
y si me quieres ver feliz,
y no te animas
cierra los ojos al aroma de una rosa
mientras mi alma te cuenta cosas.
Cosas que nunca te dijeron hasta ahora...
Cuenta conmigo.

Letra de Chico Navarro
Música de Raúl Parentella

2. Orden: Un virtuoso valor que no puede faltar

La gente muchas veces me pregunta: "Andrés ¿por qué debemos planear el manejo del dinero?" Para muchos quizás la respuesta a esta pregunta sería obvia, pero como me la encuentro con regularidad a través del continente voy a tomar algunos minutos para contestarla.

Nosotros planeamos nuestra vida financiera porque no hay otra forma para que las cosas nos salgan bien. No hay opción. Si tú quieres ser una mujer que prospera, debes tener un plan para controlar la forma

---

3.   Dobson, James. *Bringing Up Boys*. Tyndale House Publishers, págs. 19–25. La edición en español fue publicada por la Editorial Unilit.
4.   Chico Navarro. Canción ganadora del Festival OTI de la Canción en Venezuela. http://lacuerda.net/tabs/c/chico_novarro/?cuenta_conmigo.

en la que manejas el dinero. Tanto en tu negocio como en tu casa, debes dominar al dinero y no dejar que el dinero te domine a ti.

Si uno ha nacido y crecido, como yo, en un país con un alto índice de inflación, entonces, el planear la forma en la que uno gasta el dinero es una cuestión de vida o muerte. La diferencia entre comer o no comer a fin de mes tiene que ver con la forma en la que hemos realizado las compras durante las semanas previas. Uno se transforma ¡en un pequeño ministro de economía! En realidad, conozco algunas personas en mi país, la República Argentina, a las que les daría un "Doctorado en Economía *honoris causa*" por haber sobrevivido el desastre económico a comienzos de los años 1980 y 2001.

Nosotros debemos planear porque el ser humano ha sido creado con una tendencia natural hacia el orden. El universo tiene un orden, el sistema solar tiene un orden, existen leyes en la naturaleza que proveen orden al mundo que nos rodea, el cuerpo humano tiene un orden tan impresionante que todavía nos cuesta trabajo entender cómo tanta complejidad puede funcionar con tanta armonía. Dios es un Dios de orden.[5]

La sociedad tiende a establecer el orden. Por eso existen las leyes. Esto lo he visto y no es una opinión política. Es simplemente la observación de un proceso que nos ha tocado vivir en Latinoamérica: cada vez que perdimos el orden social (o el económico), estuvimos dispuestos a entregar parte de nuestra libertad democrática con el fin de reestablecerlo.

No hay ningún barco en el mundo que no zarpe de un puerto de salida sin tener asignado un puerto de llegada. No hay ningún avión comercial que no levante vuelo en un aeropuerto sin saber a qué aeropuerto habrá de arribar. No existe ningún libro que se comience a escribir sin una idea de lo que se quiere decir. No hay ninguna boda que haya de comenzar sin tener una pareja para casar.

Todo tiene un orden. El universo busca un equilibrio. Todos necesitamos cierta coherencia en nuestra vida. El ser humano tiene una tendencia interior, quizás colocada allí por su propio Creador, a buscar el orden en medio del desorden.

Es por eso que compraste este libro. Porque sabes que hay áreas de tu vida económica que pueden estar mejor ordenadas; y si lo están, pueden traerte beneficios a ti y a tu familia.

---

5.   Ver la Primera Carta de San Pablo a los Corintios, capítulo 14, versos 33 y 40.

Decía el multimillonario rey Salomón: *"Conoce bien la condición de tus rebaños, y presta atención a tu ganado; porque las riquezas no son eternas"*.[6] En esa época, por supuesto, no había estados contables, había rebaños. Tampoco había una "bolsa de valores" a donde invertir: uno invertía en su ganado (vacas y ovejas) que tenían crías. Por eso, podríamos traer ese consejo a nuestros días diciendo: "Conoce bien tu estado contable (cuánto tienes y cuánto debes), y presta atención a tus inversiones; porque las riquezas no duran para siempre".

En el eje del proceso hacia la prosperidad se halla un plan para controlar la forma en la que llega y sale el dinero de tus manos. Para desarrollarlo observaremos cómo se nos va el dinero ahora y vamos a pensar qué tipo de ajustes podemos hacer para reacomodar nuestros gastos de una manera más efectiva.

Este plan es una herramienta sencilla que cualquier persona con educación básica de escuela primaria lo puede llevar a cabo. Sin embargo, al mismo tiempo, es una herramienta poderosa para llegar al final del mes y cumplir nuestras metas. Dicho plan no necesariamente tiene que ser un "presupuesto", especialmente en países con altos niveles de inflación. Esto es parte del orden que debemos procurar. Encontrarás este plan en el Apéndice 2 de este libro. Si estás casada debes completarlo conjuntamente con tu esposo.

3. Discernimiento: Un valor para poder diferenciar las necesidades de los deseos

Antes de clarificar estos dos conceptos quisiera recalcar que no está mal tener deseos y satisfacerlos. No estamos promoviendo el masoquismo. Sin embargo, para llegar a la prosperidad que estás buscando, es importantísimo tener en claro cuáles son nuestras necesidades y cuáles son nuestros deseos. Debemos satisfacer nuestras necesidades primeramente y, luego, satisfacer nuestros deseos solamente en el caso de que tengamos los recursos económicos disponibles para hacerlo.

Las necesidades

En mis clases de psicología en la universidad estudié la famosa "escala de Maslow". Esa escala dividía las necesidades del ser humano en cinco áreas generales que iban desde las más básicas (fisiológicas)

---

6.   Salomón. Libro de los Proverbios, capítulo 27, versos 23, 24. Biblia de Las Américas.

hasta la necesidad de sentirse realizado (pasando por la necesidad de seguridad, pertenencia y estima propia).[7]

Sin embargo, para los propósitos de nuestro estudio voy a definir como "necesidad económica" todas aquellas cosas que realmente necesitamos para sobrevivir: comida, vestimenta, vivienda, etc. No solamente cosas materiales o corporales, sino todo aquello que estemos verdaderamente necesitando para nuestra supervivencia como seres humanos (por ejemplo: seguridad, salud, transporte, etc.). Por eso, debemos colocar nuestras necesidades en el nivel de prioridad más alto. Debemos buscar suplirlas a toda costa. Allí deben ir nuestros recursos financieros sin mayores dudas ni retrasos.

Los deseos

Cuando analizamos las compras que tenemos que hacer, todo aquello que no es una necesidad, es un deseo. Puede ser un deseo de calidad (lo abreviaremos DC). Este deseo satisface una necesidad con algo que tenga una calidad más alta. En cambio, un deseo propiamente dicho (al que llamaremos simplemente deseo y lo identificaremos con la letra D) es simplemente algo que quisiéramos tener o que nos gusta.

Un deseo de calidad podría ser, por ejemplo, un buen pedazo de bistec en lugar de una hamburguesa. El alimento es una necesidad básica del cuerpo. Pero, en este caso, uno está queriendo satisfacer esa necesidad con un producto más costoso y de más alta calidad: un bistec. Lo mismo podría ocurrir en todas las otras áreas de necesidades reales en nuestra vida: Podemos comprar un vestido en una tienda de vestidos usados o podemos comprar uno de alta confección. En ambos casos, la vestimenta es una necesidad, pero la forma en que queremos satisfacer esa necesidad puede transformar la compra en un deseo.

Un deseo "D" es todo aquello que no tiene nada que ver con una necesidad. Comprarnos un gabinete para el televisor, una mesa para el patio de la casa, una videograbadora, un velero o comprar otra propiedad para hacer negocio con ella pueden ser ejemplos de este tipo de deseos.

Nosotros debemos satisfacer nuestros deseos solamente después de satisfacer nuestras necesidades y si tenemos los recursos económicos para hacerlo.

---

7. http://www.businessballs.com/maslow.htm.

Por lo tanto, antes de salir de compras es importante que tengamos en claro lo que es una necesidad y lo que es un deseo. En estos días la gente tiene la tendencia de decir: "Necesito una computadora" o "necesitamos una máquina de fotos", cuando, en realidad, deberían estar diciendo: "¡cómo quisiera comprarme una computadora!" o "¡cómo nos gustaría tener una máquina de sacar fotos!".

Lamentablemente, en los últimos treinta años hemos pasado a través de un proceso de condicionamiento donde consideramos nuestros deseos como si fueran necesidades. Al hacerlo, creamos una ansiedad interior que nos impulsa a satisfacer esa "necesidad". Entonces invertimos nuestro dinero en cosas que realmente podrían esperar y nos olvidamos de proveer para aquellas que realmente necesitamos (ya sea en forma inmediata o a largo plazo).

Finalmente, debemos tomar nota de que no siempre lo que parece un "ahorro" realmente lo es. Por un lado, porque, como dicen muchas damas del continente latinoamericano: "lo barato sale caro". En algunas circunstancias nos conviene comprar cosas de mejor calidad, pero que nos durarán de por vida, que cosas de baja calidad que tendremos que reemplazar cada cierta cantidad de años. Por otro lado, no siempre es una buena idea comprar en "oferta". Si yo compro 10 jabones de lavar la ropa porque estaban casi a mitad de precio y después de dos días me quedo sin dinero para comprar leche, he hecho una mala inversión. Este es un típico caso en el que no me conviene "ahorrar gastando".

Sin embargo, si el almacén de la esquina de mi casa está ofreciendo 2 litros de leche por el precio de uno, yo debería inmediatamente aprovechar la oferta (especialmente si tengo niños en casa). La leche es un elemento de consumo diario y es una necesidad básica para mi supervivencia. El jabón de lavar la ropa puede reemplazarse por alternativas más baratas.

Este último problema de comprar más de lo que uno necesita y tener dinero estancado en las alacenas de la casa es un problema al que millones de negociantes se enfrentan cada día en todo mundo. Lo creas o no, manejar la economía de un hogar tiene mucho que ver con la forma en la que se maneja la economía de un negocio, incluso la economía de un país.

4. Perseverancia: El valor de ser constante y paciente

"Mas el fruto del Espíritu es amor, gozo, paz, paciencia".

GÁLATAS 5:22-23 (LBLA)

El cuarto valor en el que nos tenemos que poner de acuerdo es en el valor de la paciencia perseverante. Quiero que analices algunos textos bíblicos que verás a continuación.

En la versión bíblica de Reina-Valera de 1960, el apóstol Santiago nos exhorta a desarrollar la "paciencia". Dice en su Carta Universal: *"Hermanos míos, tened por sumo gozo cuando os halléis en diversas pruebas, sabiendo que la prueba de vuestra fe produce paciencia".*[8] Sin embargo, dicen los expertos —y yo no soy uno de ellos— que la palabra griega que está detrás de la palabra "paciencia" es *"upomone"* (υπσμσνην), que significa "perseverancia" o "constancia".

La Nueva Versión Internacional traduce ese pasaje de la siguiente manera: *"Hermanos míos, considérense muy dichosos cuando tengan que enfrentarse con diversas pruebas, pues ya saben que la prueba de su fe produce constancia. Y la constancia debe llevar a feliz término la obra, para que sean perfectos e íntegros, sin que les falte nada".*[9]

Si tú no quieres que te falte nada, debes aprender a ser constante en la vida. Debes ser perseverante a través de las dificultades.

"La paciencia nos protege de los males de la vida como la vestimenta nos protege de las inclemencias del tiempo", decía Leonardo Da Vinci; a lo que Cervantes podría agregar: "La diligencia es la madre de la buena suerte".

Hago esta aclaración con respecto a la paciencia porque muchas veces encuentro que la gente tiene una idea fatalista de ella. Creemos que es sinónimo de rendirnos a nuestra mala suerte o a las circunstancias en las que vivimos. Pensamos en la idea de sentarnos, mirando el techo y esperando sin hacer nada a que ocurra un milagro, o a que las circunstancias cambien en nuestra vida. Esa no es la paciencia de la que estamos hablando. Estamos hablando de una paciencia en movimiento, la paciencia diligente, la perseverancia a través del tiempo.

El ejercer la paciencia en forma perseverante desde el punto de vista económico requiere salirnos de la actitud y la cultura imperante. Requiere

8. *Reina Valera Revisada (1960).* 1998 (Santiago capítulo 1 versos 2-3). Sociedades Bíblicas Unidas.
9. Carta Universal del Apóstol Santiago, capítulo 1, versos 2 al 4. Nueva Versión Internacional.

que empecemos a ver la vida como una carrera de 5 kilómetros. Que aprendamos a ser constantes a través del tiempo y que no nos rindamos frente a las circunstancias. Que, después de una caída, sepamos sacudirnos el polvo de la ropa y continuemos caminando hacia adelante.

Lamentablemente, las continuas dificultades económicas de nuestros países han promovido desde nuestra niñez una actitud del "ya y ahora". De querer correr la carrera económica como una carrera de 100 metros llanos.

Entonces, cuando tenemos la oportunidad de comprar algo o de realizar algún negocio, miramos por lo que es más conveniente a corto plazo y no qué es lo correcto. (Pensamos: "¿Quién sabe qué es lo que va a ocurrir mañana con la economía del país?".)

Sin embargo, en la nueva economía de mercado que nos está trayendo el proceso de globalización económica, esas presuposiciones quedarán arcaicas, fuera de contexto. Sólo aquellos que vean sus finanzas como una carrera de larga duración, serán los que, eventualmente, lograrán el mayor nivel de prosperidad. Confucio decía: "Nuestra mayor gloria no está en que nunca hemos fallado, sino en que cada vez que fallamos nos hemos levantado".

5. Dominio propio: El valor del buen comportamiento

"Mas el fruto del Espíritu es amor, gozo, paz,
paciencia, benignidad, bondad, fidelidad,
mansedumbre, dominio propio."
GÁLATAS 5:22–23 (LBLA)

El quinto y último valor que enfatizaremos como vital para alcanzar la prosperidad integral es el valor del dominio propio. Uno podría definirlo como la habilidad para llevar a cabo algo que se nos ha pedido hacer para modificar un comportamiento, para posponer una acción y para comportarnos de una manera socialmente aceptable sin ser guiados o dirigidos por alguna otra persona.

El dominio propio es un elemento esencial y una marca clara del carácter maduro de un individuo. Sin él, es imposible hacer un plan financiero y llevarlo a cabo. Sin dominio propio es imposible poder poner en práctica los secretos y las ideas que le daré en unas cuántas páginas más.

La derrota en esta área de nuestra vida es la razón más común por la que las organizaciones de ayuda financiera en los Estados Unidos mantienen a decenas de miles de consejeros ocupados durante todo el año. Se calcula que los estadounidenses hoy en día gastan de promedio un dólar y diez centavos por cada dólar que ganan.

La falta de dominio propio en el país del norte está provocando una cantidad asombrosa de quiebras, tanto personales como empresariales, la cantidad más grande en la historia del país.

Para entender la seriedad del problema que tenemos frente a nosotros con respecto al dominio propio sólo bastaría observar el crecimiento de la industria que ayuda a la gente a perder peso o de la expansión de nuevos problemas de salud que son el resultado de un comportamiento riesgoso, como la drogadicción, las enfermedades venéreas y el SIDA.

Dice un antiguo proverbio chino: "Aquel que conoce a otros es sabio, aquel que se conoce a sí mismo es un iluminado. Aquel que conquista a los demás tiene poder físico; aquel que se conquista a sí mismo es verdaderamente fuerte".[10]

"A pesar de haber vencido a un millón de hombres en el campo de batalla", dicen los escritos del budismo, "en verdad, el conquistador más honorable es aquel que se ha conquistado a sí mismo".[11]

El dominio propio es otra piedra fundamental en la construcción del edificio de tu prosperidad integral. Es la manifestación de tu madurez espiritual y el fruto del Espíritu de Dios trabajando fuertemente en tu vida.

Aprender a valorar el dominio propio y lograr dominarte a ti misma en el área de las finanzas es la clave para lograr tu prosperidad integral. Porque tú harás lo que tu mente piensa y tu mente piensa lo que tú le dices que debe pensar.

Hay una serie de frases de nuestro consumismo popular que se han metido en nuestro vocabulario de todos los días y que nos arruinan las posibilidades de salir adelante económicamente. Permíteme escribir algunos ejemplos:

a.   "Date un gusto. ¡Te lo mereces!"
b.   "¿Qué le hace una mancha más al tigre?"
c.   "Compre y ahorre."

10.   Tao Te Ching 33 Libro de sabiduría, elemental en la filosofía del Taoísmo y la religión de la China.
11.   Dhammapada 103 (Es el segundo libro de Khuddhaka Nikaya, perteneciente a la literatura budista.)

d. "Compre ahora, pague después."

e. "Esta es una oferta especial que no se repetirá jamás en su vida."

f. "La última cuenta la paga el diablo."

g. "Usted necesita... (y aquí viene siempre el artículo que le quieren vender)."

h. "Lo importante es disfrutar el hoy."

a. "¿Por qué esperar?"

Si te crees las farsas de aquellos que se quieren enriquecer a cuesta de tu trabajo, terminarás en la mediocridad. Pero si vas a salir del nivel en el que te encuentras, solamente lo podrás hacer, como solía decir Einstein, llevando tu mente a un nuevo nivel de pensamiento.

"Siembra un pensamiento y cosecharás una acción", dice un famoso dicho popular basado en las palabras del novelista inglés Charles Reade, "siembra una acción y cosecharás un hábito; siembra un hábito y cosecharás carácter; ¡siembra carácter y cosecharás un destino!"

La capacidad para concretar tu destino económico está en tus manos: debes tener el ardiente deseo y el absoluto compromiso personal para llevar a cabo tu plan.

A estas alturas, entonces, es tiempo de introducir un elemento clave en el control de tu destino económico: el poder de la voluntad.

El poder de la voluntad

Hace algunos años atrás Alicia, una amiga de mi familia, tuvo un ataque de embolia cerebral. Cuando el coágulo de sangre que circulaba por sus venas finalmente se detuvo en el cerebro le causó una embolia y la mitad de su cuerpo quedó paralizado. La falta de oxígeno había destruido células esenciales para el pasaje de información que permitían el movimiento de la parte derecha de su cuerpo y del habla. Dos años y medio más tarde, si uno veía a Alicia por primera vez, nunca se imaginaría que había estado paralizada y muda por casi un año y medio.

¿Qué ocurrió? ¿Cómo se sanó? Primeramente creo que fue un milagro y segundo fue el maravilloso poder de la voluntad de su cuerpo, ¡aún sin ella misma quererlo! Porque su cerebro comenzó a buscar formas de contrarrestar el problema de comunicación y muscular que tenía para llevar adelante las tareas necesarias. En vez de abandonarse a "su destino", Alicia comenzó incansablemente a reentrenar su cerebro para recuperar las funciones perdidas.

A pesar de que este no es el resultado que todos los pacientes experimentan con este tipo de enfermedad, la enseñanza que nos deja nuestro cuerpo es que hay una tendencia natural hacia la lucha y no hacia la resignación. Nuestro cuerpo luchará por mantenerse funcionando hasta el mismo momento en el que el caos total nos cause la muerte.

Nosotros no estamos hechos para entregarnos al "destino". Estamos hechos para conquistar la tierra y subyugarla. Estamos hechos para ganar. Uno de los regalos más preciosos que hemos recibido en la vida es el regalo de nuestra voluntad y de nuestro poder de decisión.

El ejemplo de Viktor Frankl

Hace algún tiempo atrás, mientras leía a Stephen R. Covey en "Los siete hábitos de la gente altamente efectiva" me encontré con la historia de este conocido psiquiatra judío. Me gustaría compartirla contigo.

Frankl era un psiquiatra determinista porque creía que las cosas que a uno le ocurrían cuando niño determinaban cómo uno iba a ser en la edad adulta. Una vez que los parámetros de la personalidad estaban establecidos no había mucho que uno pudiera hacer más adelante para cambiarlos.

Frankl cayó prisionero de los nazis y lo llevaron con su familia a un campo de concentración. Casi todos sus parientes perecieron en el campo y aun Viktor fue víctima de numerosas torturas y horribles presiones sin saber si viviría para ver una nueva mañana. Un día, solo y desnudo en un rincón del pequeñísimo cuarto donde lo tenían descubrió lo que él mismo llamó más adelante "la última de las libertades del hombre" (una libertad que nadie jamás le podría quitar).

Viktor Frankl se dio cuenta de que los nazis tenían el poder para controlar todo su entorno, todo el ambiente donde él se movía, pero no tenían el poder para controlar cómo él mismo reaccionaría frente a la situación en la que se encontraba. Él todavía tenía la libertad de decidir de qué manera esa situación lo afectaría interiormente. Podía decidir si dejaría que sus circunstancias lo destrozaran emocionalmente o si, en medio de ellas, continuaría creciendo como persona, manteniendo la calidez de su vida interior en medio del crudo invierno del nazismo en su país. En medio de los horrores del campo de concentración nazi descubrió un principio fundamental de la naturaleza humana: Entre el estímulo y la respuesta, el ser humano tiene la libertad de elegir y el poder para decidir.[12]

Tú eres una mujer a la que Dios le ha dado la libertad de elegir hoy cómo vas a responder a las circunstancias en las que te encuentras. Puedes elegir desesperarte, amargarte, rendirte o puedes elegir que hoy será el último día en el que el dinero te domine a ti y te amargue la existencia.

Tú eres una mujer que puedes elegir hoy mismo mantener tu calidez interior para contigo y para con los que te rodean, a pesar de estar pasando por un terrible invierno financiero.

Tú puedes elegir hoy mismo, como lo hace tu cerebro, reconocer cuáles son las áreas de tu carácter que no funcionan y decidir buscar una nueva ruta para lograr tus metas. Tú puedes hacerlo. Fuiste creada para conquistar la tierra, no para ser arrasada por tus circunstancias. Caminemos juntos hacia la prosperidad.

---

12. Stephen R. Covey, *The 7 Habits of Highly Effective People* [Los 7 hábitos de la gente altamente efectiva], págs. 69 y 70.

PREGUNTAS Y PRÁCTICA DEL CAPÍTULO 2

Si estás casada, lee esta poesía con tu esposo y luego reflexiona sobre lo que dice.

Te quiero

Porciones y adaptación del poema original[13]

Si te quiero es porque sos
mi amor, mi cómplice, y todo.
Y en la calle codo a codo
somos mucho más que dos.
Tus manos son mi caricia
mis acordes cotidianos
te quiero porque tus manos
trabajan por la justicia.
Si te quiero es porque sos
mi amor mi cómplice y todo
y en la calle codo a codo
somos mucho más que dos
Tus ojos son mi conjuro
contra la mala jornada
te quiero por tu mirada
que mira y siembra futuro
[...]
...Y porque amor no es aureola
ni cándida moraleja
y porque somos pareja
que sabe que no está sola
[...]
Si te quiero es porque sos
mi amor mi cómplice y todo
y en la calle codo a codo
somos mucho más que dos.

Mario Benedetti

---

13. http://www.poemas-del-alma.com/te-quiero.htm.

¡Qué gran verdad! Hay un tremendo poder sinérgico de una pareja bien consolidada porque "en la calle codo a codo son mucho más que dos". Este es uno de los más grandes secretos de la mujer que prospera: codo a codo, con su esposo, ¡son mucho más que dos! Para poner en práctica. Acostúmbrate a diferenciar entre necesidades, deseos de calidad (DC) y deseos (D). Escribe al lado de cada palabra las letras N, DC o D según corresponda. Compara tus respuestas con las nuestras en la siguiente página. ¡Manos a la obra! (Si eres casada realiza esta actividad con tu esposo.)

N = Necesidad básica del ser humano.

DC = Deseo de calidad: Necesidad básica satisfecha con una solución de más alta calidad.

D = Deseos. No son necesidades básicas.

1. Comida	11. Educación	21. Fiesta de cumpleaños	
2. Pantalón	12. Casa	22. Comidas en restaurantes	
3. Zapatos	13. Vivienda	23. Turismo en las montañas	
4. Bistec	14. Transporte	24. Herramientas	
5. Helado	15. Auto	25. Teléfono	
6. Vacaciones	16. Pela papas	26. Juguetes	
7. Televisor	17. Dulces	27. Vestido	
8. Radio	18. Perfume	28. Limpiadores	
9. Computadora	19. Video	29. Regalos especiales	
10. Café	20. Soda	30. Mascotas (perro, gato, etc.)	

Respuestas:

N = Necesidad básica del ser humano.

DC = Deseo de calidad: Necesidad básica satisfecha con una solución de más alta calidad.

D = Deseos. No son necesidades básicas.

1. Comida	N	11. Educación	N	21. Fiesta de cumpleaños	DC
2. Pantalón	N	12. Casa	DC	22. Comidas en restaurantes	DC
3. Zapatos	N	13. Vivienda	N	23. Turismo en las montañas	DC
4. Bistec	DC	14. Transporte	N	24. Herramientas	DC
5. Helado	D	15. Auto	DC	25. Teléfono	DC
6. Vacaciones	N	16. Pela papas	D	26. Juguetes	D
7. Televisor	D	17. Dulces	D	27. Vestido	N
8. Radio	DC	18. Perfume	D	28. Limpiadores	DC
9. Computadora	D/ DC	19. Video	D	29. Regalos especiales	DC
10. Café	D	20. Gaseosa	DC	30. Mascotas (perro, gato, etc.)	D

Aclaraciones de algunos ítems:

Ítem 8: Radio: la radio cumple una función diferente de la función que cumple la TV. La radio es un importante medio de información, de socialización y de contacto comunitario. Es por eso que la hemos colocado como "DC". En algunos pueblos del interior podría llegar a ser "N". La TV es, primordialmente un medio de entretenimiento.

Ítem 9: Computadora: depende para que se la use, una computadora puede llegar a cumplir ciertas funciones muy necesarias en el hogar (organización de las finanzas, educación de los niños, investigación en Internet, etc.). En otros casos, se lo usa como una fuente de entretenimiento casi exclusivo.

Ítems 12 y 13: Casa/Vivienda: si bien la vivienda es una necesidad básica del individuo, la casa no lo es. Uno podría satisfacer la necesidad de vivienda alquilando un departamento por ejemplo, en vez de comprarla.

Ítem 20: Gaseosa (agua o jugo con gas): al igual que todas las otras bebidas gasificadas y jugos, es un DC porque el beber líquidos es una necesidad básica de los seres humanos. Necesitamos beber agua. Los jugos y las gaseosas son una elección más costosa para satisfacer esa necesidad.

Ítems 22 y 23: Comidas afuera y turismo: la recreación es una necesidad, pero podríamos recrearnos sin la necesidad de comer fuera ni tener que hacer turismo. Esas son elecciones "de calidad" para satisfacer la necesidad básica.

Ítem 29: Regalos especiales: amar y sentirse amado es una necesidad básica de los seres humanos. Sin embargo, podríamos demostrar nuestro amor hacia otros sin necesariamente tener que comprar regalos. Es una elección de satisfacer la necesidad con una solución de más alta calidad.

CAPÍTULO 3

TU PREOCUPACIÓN GENUINA POR SEGUIR LAS PRIORIDADES BÍBLICAS

Lic. Melvy de De León

Una noche después de regresar de nuestra luna de miel, desperté y me di cuenta de que el hombre que amaba estaba allí, junto a mí, plácidamente dormido. Mientras lo contemplaba dije dentro de mí: "¿Cuánto tiempo estará a mi lado?", pero luego pensé: "Si ahora es mi esposo... ¡me pertenece! Ese sentido de pertenencia que tenemos las mujeres es lo que nos da seguridad. Por eso cuando le decimos a nuestro marido: "De mí no te vas a escapar" expresamos una idea equivocada al creer que nuestro amor está asegurado.

En su libro *El amor debe ser firme*[1] el Dr. James Dobson menciona que el ingrediente del "respeto" es absolutamente fundamental para todas las relaciones humanas y en especial dentro de la relación del matrimonio.

La manera en que nosotras nos conducimos día tras día depende mayormente de cómo respetamos o dejamos de respetar a las personas que nos rodean y la manera en que los esposos se relacionan depende del mutuo respeto y admiración. Por eso la desavenencia conyugal casi siempre emana de una falta de respeto en alguna parte de la relación.

1. Dobson, James. El amor debe ser firme. Editorial Vida, 1995.

Cuando una mujer respeta a su esposo, el resultado que se espera es que *"le trae bien todos los días de su vida"*. Este tipo de mujer es una ganancia y no un problema a su esposo. A él le llega el bien y ella es la fuente. Ella lo apoya y anima y le es fiel, porque lo ayuda *"todos los días de su vida"*. Cuando una esposa se comporta de esta manera, la confianza del esposo en ella es completa, ¡cree en ella! Su cuidado en la administración del hogar engrandece la riqueza de la familia, y no le hace falta nada respecto a las cosas del hogar.[2]

La mujer que piensa en darle bien a su esposo, cuida a sus hijos, cuida sus posesiones y su buen nombre. Lo hace porque sabe bien cuáles son sus prioridades.

La mujer es...

Y Dios las hizo, para ser compañeras del hombre,
a su propia imagen, con ilusión,
con una costilla del hombre,
no para ser su compañera...
para ser su bendición.
Todas las mujeres son idénticas,
dotadas con un alto grado de inteligencia,
con autonomía de pensamiento... auténticas,
con un sexto sentido que hace la diferencia.
Son belleza incomparable, algunas físicamente,
otras intelectualmente, pero en ambos casos, perfección interminable,
que nos envuelven entre sus sueños, dulcemente.
Tienen la sangre fría, para defender con su vida a un ser querido,
tienen en su mirada la luz del día,
tienen el poder de levantar a un guerrero ya vencido.
Son madres, son amigas, son amantes,
creadas con la mágica ternura del amor,
son el apoyo de caballeros triunfantes'
son en un mundo hermoso... simplemente lo mejor.[3]

SERGIO RODRÍGUEZ

2.   Comentario Expositivo: El Conocimiento Bíblico, Antiguo Testamento, Tomo 4. Editores en ingles John F. Walvoord y Roy B. Zuck.
3.   www.poemasconvoz.com/LAMUJERES.html.

Este poema declara una verdad muy cierta: "Una mujer tiene el poder de levantar a un guerrero ya vencido". Proverbios 31 no sólo habla de "la mujer que prospera", sino también de la familia que prospera. La mujer que prospera, es la que ha progresado porque le ha ido bien y su prosperidad es integral. Ha prosperado en su familia, en su relación con el esposo, con los hijos, en su vida espiritual, académica y económica. No se trata solamente de terminar la carrera de ser madres o esposas, sino también de finalizar exitosamente sin sacrificar lo trascendente, como los hijos, la familia, la pareja y las relaciones, en el altar de lo intrascendente por buscar un estatus económico, la casa de campo, un auto y las cosas materiales.

Muchas mujeres llegan a los 40 ó 50 años y están en el tope de la escalera del éxito, cuando se dan cuenta de que están apoyadas en la pared equivocada. Porque cuando se dan vuelta, miran a su esposo y le dicen: "Lo he visto todo". Comparten el techo familiar pero no una relación de pareja. Estas mujeres tienen una posición social acomodada pero han perdido la oportunidad de disfrutar a su familia.

Esta analogía de la prosperidad integral, me hace recordar cuando mi esposo y yo teníamos ocho años de casados, y se quedo sin empleo. Yo trabajaba en una reconocida organización y tenía un empleo muy bien remunerado. Era suficiente para cubrir el presupuesto de la familia, sin embargo, como buena latina había crecido con la idea de que el hombre es el "proveedor" de la familia, y hostigaba a mi esposo todos los días. Esto continuó hasta que un buen día el Dr. Andrés Panasiuk llego a nuestro país para tener un importante evento y aproveché para compartirle mi frustración.

Mi esposo no tenía trabajo y para mí era su responsabilidad de hombre traer el sustento al hogar. Sin embargo de inmediato obtuve la respuesta menos esperada cuando él me preguntó: "¿Cómo se sostiene tu hogar?".

Era obvio que él había podido identificar el problema que yo aún no veía. Entonces le respondí: "Con mi dinero".

Entonces con mucho tacto pero con gran firmeza me recordó que Dios es el Dueño de todo y único Proveedor de la casa.

Tú sabes muy bien que las mujeres somos muy sensibles, nuestra autoestima se ve afectada rápidamente y lloramos cuando nos sentimos incomprendidas, así que Andrés continuó platicando y me dijo tiernamente: "Melvy, Dios es tu proveedor. *Jehová Jiré* es el proveedor de tu familia. Debes sentirte dichosa que hoy Él provee a través de ti, mañana proveerá a través de tu esposo, y algunas veces proveerá a través de ninguno de los dos. Dios es predecible porque sabes que siempre provee, pero impredecible cuando se trata de la manera en que lo hace. Ve a tu casa, habla con tu esposo y pídele perdón".

No te imaginas el cambio que mi esposo y yo empezamos a experimentar a partir de ese momento. Hoy vivimos con el 40% menos de nuestros ingresos, mi esposo sirve fielmente al Señor y caminamos por la hermosa aventura de esperar en la provisión de Dios ¡y Él ha sido fiel!

Esa también puede ser la maravillosa experiencia de tu vida: que puedas llegar al final de tu vida y decir como el apóstol San Pablo en su segunda carta a su discípulo Timoteo: *"He peleado la buena batalla, he terminado la carrera, me he mantenido en la fe"* (2 Timoteo 4:7, RV60).

Juntas podemos expresarle a Dios: "Aquí están mis hijos, aquí está mi esposo, nos amamos, vamos todos a la iglesia, estoy dispuesta a recibir la corona de justicia que el Señor tiene reservada para mí". El proverbista decía: *"El que halla esposa, halla el bien, y alcanza la benevolencia de Jehová"*[4] y yo anhelo lograr la victoria que alcanzó esta mujer hacendosa que hoy es objeto de nuestro estudio y reflexión.

El esposo que ha hallado semejante colaboradora, alcanzó la benevolencia de Dios y cuando comprobó que la sabiduría de esta mujer edifica su casa[5] y que su espíritu de sacrificio crea la ocasión para este trabajo, entonces, según los sabios, se ha ganado la alabanza: *"Se levantan sus hijos y la llaman bienaventurada; y su marido también la alaba"*.[6]

Dios tiene el control de nuestra vida y de nuestro futuro. Nosotros debemos simplemente establecer las prioridades para que actuemos según Su voluntad divina, y así obedecerlo. Entonces, Él nos bendecirá. Lamentablemente este mundo tiene las prioridades familiares revertidas y esto se evidencia de muchas formas, como en las sesiones de consejería bíblica donde observamos que aún hasta los cristianos tenemos problemas con el orden de nuestras prioridades. Muchas veces las tenemos en el mismo orden que las tiene el mundo.

Todos tenemos prioridades en la vida. Sin embargo, hay cuatro o cinco prioridades que Dios nos da en Su Palabra que son inamovibles y

4. Capítulo 18 verso 22 de la Biblia RV60.
5. Proverbios capítulo 14 verso 1.
6. Proverbios capítulo 31 verso 28 de la Biblia RV60.

no podemos cambiarlas de orden. Estas deben ser las primeras cuatro en nuestra vida. Las demás deben venir después. ¿Me permites compartirlas contigo?

1. Dios

*"Jesús le dijo: Amarás al Señor tu Dios con todo tu corazón,
y con toda tu alma, y con toda tu mente".*
MATEO 22:37 (RV60)

Dios tiene que estar en primer lugar. Él debe ser nuestra prioridad, en mi vida y en tu vida. Si eres creyente, has sido comprada con la sangre de Cristo, debe ser Dios, no la iglesia, no el trabajo de la iglesia, ni el asistir a la iglesia tu prioridad número uno en la vida. A veces nos confundimos y pensamos que si vamos mucho a la iglesia, entonces es que estamos poniendo a Dios en primer lugar en nuestra vida. La Palabra de Dios dice que si queremos desarrollar una relación personal con Él, debemos pasar tiempo charlando y comunicándonos con Él. Lamentablemente, mucha gente usa a Dios en estos días. Muchos tienen la idea de que Dios es un mercado donde uno va a pedir cosas: "Dios dame esto, dame aquello". "Sáname; ámame; arréglame este problema". Y tenemos una relación con Dios un poco enfermiza. Una relación en la que nosotros somos el centro de la relación y no Dios. Tratamos a Dios como el "mago de la lámpara de Aladino". Aladino frotaba la lámpara y el mago salía y le decía: "Te daré tres deseos". Tratamos a Dios como a ese mago. Estamos viviendo en una sociedad de consumo y hemos aprendido a "consumir" a Dios. Lo tratamos como si fuera un "proveedor de servicios".

Yo tengo dos hijas y quizás tú también tienes hijos. Te imaginas, si cada vez que tu hijo viene a verte y te habla te está diciendo: "Perdóname, mami; préstame las llaves del auto, mami; dame dinero, mami; cómprame zapatos, necesito nuevos pantalones, mami". Al final de cuentas te vas a preguntar: "¿Es que mi hijo no tiene otra forma de relacionarse conmigo que no sea a través de pedirme cosas?".

A veces nos pasa a los padres que nos parece que los hijos lo único que hacen es pedirnos dinero, o pedirnos cosas y nos convertimos en sus esclavos que les damos todo lo que piden. Ese no es el tipo de relación que nosotros queremos tener con ellos. Anhelamos que haya un intercambio, donde nosotros conversemos con ellos y ellos con nosotros.

De esa misma manera Dios quiere tener una relación con nosotros: El Señor quiere tener una relación personal con sus hijos e hijas. Él no es una fuerza o una mente en el universo que está perdida en el universo. ¡No! Es una persona, (no estoy diciendo de que Dios sea un ser humano), sino que tiene personalidad y quiere relacionarse con nosotros. A Él le gusta desarrollar una relación personal, de la misma manera que a un padre o una madre le gustaría desarrollar una relación personal con su hijo o hija.

Muchas veces la gente de nuestras iglesias tienen una imagen de Dios similar a la imagen que tienen del gobierno, ven a Dios como una entidad. El gobierno de tu país existe, Dios existe. El gobierno de tu país actúa, Dios actúa. El gobierno te ayuda, Dios te ayuda... Pero la pregunta es: ¿Puedes tener una relación personal con el gobierno? ¡Por supuesto que no! El gobierno es un ente, no tiene personalidad. Los cristianos muchas veces nos relacionamos con Dios de la misma manera. El asunto no es ir más a la iglesia, asistir a más cultos, dar más en la ofrenda o cantar en el coro. Todo eso tiene que ver con nuestro servicio a Dios, pero no con nuestra relación con Dios. El Señor quiere que nos relacionemos con Él de una manera personal y que pongamos esa relación en primer lugar en nuestra vida.

2. Nuestro cónyuge

Leamos dos pasajes de las Escrituras: Efesios 5:21–25 y 1 Corintios 11:3 donde se nos dice: "*Someteos unos a otros en el temor de Dios. Las casadas estén sujetas a sus propios maridos, como al Señor; porque el marido es cabeza de la mujer, así como Cristo es cabeza de la iglesia, la cual es su cuerpo, y él es su Salvador. Así que, como la iglesia está sujeta a Cristo, así también las casadas lo estén a sus maridos en todo. Maridos, amad a vuestras mujeres, así como Cristo amó a la iglesia, y se entregó a sí mismo por ella. Pero quiero que sepáis que Cristo es la cabeza de todo varón, y el varón es la cabeza de la mujer, y Dios la cabeza de Cristo*" (RV60).

El segundo lugar en nuestra vida debe ocuparlo nuestro cónyuge. Él es la persona más importante que Dios nos ha dado para acompañarnos a lo largo del trayecto de nuestra vida. Tu cónyuge debe ser tu prioridad numero dos, inmediatamente debajo de tu relación con Dios. Muchas veces las mujeres latinas colocamos a nuestros hijos como prioridad por encima de nuestro cónyuge. Sin embargo, es muy importante recordar que no podemos ser buenas madres si primero no somos buenas esposas. En primer lugar es necesario tener primero una relación de pareja firme para poder darles a nuestros hijos el cariño, la compresión y la educación que ellos necesitan. No puede haber una familia firme si no hay una relación entre papá y mamá que sea firme. Por eso tu cónyuge tiene que venir inmediatamente después de Dios. Tienes que pasar tiempo con él. Tienes que desarrollar una amistad, porque de aquí a algunos años, tus hijos se van a casar, ellos van a formar otra familia y tú te vas a quedar sola con la pareja que Dios te dio por otros 20, 30 ó 40 años. Hoy día hay gente que vive hasta los 100 años, ¿cuál va ser el tipo de relación que van a tener como pareja? Si no desarrollas una relación firme ahora, más adelante va ser muy difícil.

Para que tu esposo ocupe el segundo lugar en tus prioridades, es importante que tú cumplas el mandamiento de sujetarte a él. Este es un tema que a muchas mujeres en el continente no les agrada, a mí tampoco me agradaba, pero era por ignorancia y falta de comprensión del verdadero sentido de "sujeción".

Someterse al esposo, no es un acto ciego de esclavitud sin saber en qué dirección estás caminando. La sumisión, tal como lo enseña la Biblia, busca complacer, anticipa la necesidad del otro y la suple. Así como Cristo se sometió al Padre debes reconocer que el esposo es la cabeza, el líder, el guía, el responsable de tu matrimonio; ambos son un mismo cuerpo. La esposa depende del marido para protegerla de todo peligro, y se sujeta en "todo" como conviene en el Señor. También lo respalda, lo tiene en alta estima y lo valora inestimablemente (1 Pedro 3:1–2).

De acuerdo a Efesios 5:21 el esposo también se somete a su esposa. Él la ama con un amor divino (ágape) y siempre procura el bienestar de ella, se entrega por ella, negándose a sí mismo y a sus propios deseos, para complacerla; la santifica, la aparta para sí únicamente y no hay otra mujer en su vida, la purifica, mantiene la pureza de la relación según lo establece la Palabra de Dios. Al poner en práctica estas instrucciones bíblicas y las verdades de la Escritura la santifica. La presenta gloriosa, hermosa, bella, la elogia, la alaba y no ve ninguna falla, ni mancha, ni arruga en ella, la ama como se ama a sí mismo porque son un solo cuerpo, la sustenta, la aprecia y le da sumo valor tratándola con todo respeto; la cuida, la cubre con su amor tierno, su cariño, seguridad y protección. Deja a sus padres para unirse únicamente a ella.

Andrés Panasiuk, que viaja constantemente por nuestros países de Latinoamérica, comenta que tenía ciertos problemas con algunas indicaciones que le daban en el avión. Solía leer aquella información que decía: "En caso de emergencia, colóquese usted primero la máscara de oxígeno y luego colóquesela a su hijo o hija". Él comentaba: "Eso está mal. ¿Cómo se le va ocurrir a esta gente decirme que tengo que ponerme la máscara yo primero? Primero hay que ponérsela al niño o la niña, después me la pongo yo". En realidad, no entendía bien el tema, hasta que alguien se lo explicó y le dijo: "Tú tienes que ponerte la máscara primero, porque el niño o la niña no se puede ayudar a sí mismo. Tú tienes que estar consciente primero. Si te desmayas en medio de una emergencia, ¿quién va a cuidar de ese niño? Tú y el niño se van a morir. Pero si tú estás fuerte, no importa que el niño se debilite por un momento, porque tú puedes cuidar de él". Lo mismo ocurre en la familia: mamá y papá tienen que tener una relación firme, antes de poder cuidar bien a los hijos, porque si no hay una relación firme de pareja, no están colocadas las bases filosóficas y espirituales para que ellos crezcan emocionalmente sanos tampoco. Eso es, lamentablemente, lo que muchas veces vemos en las familias que se divorcian y que se destruyen: hacen falta dos personas para llevar adelante una familia.

Aquí hay algo importante para los varones: su esposa es su "asesora financiera número uno". Dios le dio a la mujer la tarea de ser "ayuda idónea" (cuidado: no dice: ¡"ayuda y dueña" o "ayuda y doña"!). Esa es la razón por la que encontramos muchas mujeres frustradas (y con "cara de limón") en todo el continente: Porque el esposo no la deja cumplir con la misión que Dios le ha dado en la tierra.

La mujer que prospera influye con su carácter en toda la familia

Comencemos por establecer que los hijos heredan tanto los rasgos físicos como las combinaciones del temperamento, los rasgos de personalidad y del carácter de los padres. Sin embargo, en la consejera prematrimonial, que desarrollamos como un ministerio de la iglesia observamos que las parejas no son realistas y desconocen esta realidad tan obvia. Por eso muchos llegan al matrimonio con la idea de que cuando estén casados, van a cambiar la manera de vestir, los hábitos de comida, la manera de caminar, y sobre todo, transformar ese carácter que trae el cónyuge. La esposa dice: "Quiero que deje de relacionarse con su familia y lo haga sólo con la mía para que aprenda de ellos y así sea como yo". Si tú piensas de esa manera, vas por mal camino en el sendero de construir una relación saludable con tu esposo.

¡Si quieres ayudar a tu marido a desarrollar un carácter que agrade a Cristo, primero tienes que cambiar tú! y trabajar en tu carácter. *"Así alumbre vuestra luz delante de los hombres, para que vean vuestras buenas obras y glorifiquen a vuestro Padre que está en los cielos* (Mateo 5:16, RV60). Esta es la única luz que causará una reacción en los demás, incluyendo a tu cónyuge.

El lugar para cambiar el comportamiento del hombre está en el interior del hombre, y no en lo exterior. Es muy importante que como mujeres entendamos este principio para ser instrumentos útiles en las manos de Dios para ayudar a nuestros esposos en el desarrollo y el fortalecimiento de un carácter que se parezca cada día más al de Cristo. Uno de mis pasajes favoritos en la Biblia dice: *"El hombre mira lo que esta delante de sus ojos, pero Jehová mira el corazón"* 1 Samuel 16:7 (RV60) y *"Guarda tu corazón [...] porque de él mana la vida"* Proverbios 4:23 (RV60). Es cierto que cada ser humano hereda ciertas particularidades que conforman su carácter, sin embargo al convertirnos en "hijas de Dios" heredamos el carácter de Cristo, y esta es la luz que irradiamos.

A cuántas de nosotras nos pasa que justificamos nuestro mal carácter diciendo que lo heredamos de fulano de tal. Tim La Haye en su libro "Manual del Temperamento"[7] resume que el *temperamento* es la combinación de ciertas características con las que nacemos; el *"carácter"* es nuestro temperamento civilizado; y la personalidad es el *"rostro"* que mostramos a los otros. El carácter muestra quién eres verdaderamente tú. Es el resultado de tu temperamento natural modificado por la instrucción, la educación, las actitudes básicas, las creencias, los principios y las motivaciones recibidas en la infancia. Al carácter también se lo denomina como el "alma" del hombre, constituida por la mente, las emociones y la voluntad.

7. La Haye, Tim. *Manual del Temperamento: Descubra su potencial.* Editorial Unilit, pág. 310.

Quiero ilustrarte también en lo que no debe hacerse en el carácter del esposo.

Una pareja joven empezó su vida matrimonial con prácticamente nada, cuando ella se dio cuenta, su joven esposo no tenía un trabajo estable, no tenían una casa digna para vivir, él no había concluido sus estudios, salía todo el día a trabajar y nunca prosperaban. Esto siguió así hasta que un buen día, ella lo puso entre la espada y la pared, le dijo que quería una casa en tal vecindario, que le comprara una lavadora, una secadora, y le presentó su lista de deseos, o todo terminaba.

El joven esposo enamorado fue en busca de un mejor trabajo como vendedor, obtuvo el empleo e hizo presunción del futuro. No había recibido su primer salario cuando alquiló una casa hermosa en un sector de nivel medio. Seguidamente, con la tarjeta de crédito compró la lavadora, la secadora y los muebles más lindos que ella nunca imaginó.

Después la esposa organizó una fiesta e invitó a sus amigos para presumirles todo lo hermoso que tenían en tan poco tiempo, ella se veía feliz y disfrutaba compartir "todo" lo que tenían. Pero al poco tiempo se dieron cuenta de la triste realidad: el sueldo del esposo no alcanzaba para pagar todos los lujos que ella quería. Entonces tuvieron que regresar a vivir al humilde lugar donde empezaron.

Cuántos hogares han terminado destruidos, cuántas parejas divorciadas, por no trabajar en su carácter, en su ser interior, por no luchar juntos por las cosas que realmente valen la pena.

Si aún no has leído el Apéndice 1, donde se describen los perfiles de personalidad, este es un buen momento para hacerlo. Recuerda que el Dr. Andrés Panasiuk ya había mencionado algunas características de los temperamentos en el inicio de este libro y destaca la importancia de evaluar cuál es tu temperamento y de conocerte a ti misma. Esto es crucial para poder avanzar y determinar cómo puedes influir en el carácter de tu esposo. También necesitas tener bien presente cuál es tu rol como mujer y preguntarte: ¿Soy una mujer sumisa y obediente a las enseñanzas que la Biblia describe? Luego de este autoanálisis, estás lista para apoyar a tu esposo. Para poder llevar esto a cabo vamos a analizar juntas las características que distinguen al hombre y a la mujer.

Los varones quieren ser proveedores, el centro de su vida no es el hogar, es el trabajo, la fábrica o su profesión. Es un conquistador, es agresivo, va en busca del pan diario y su objetivo. Es frío, calculador, lógico, impersonal, mira lo esencial, no es detallista, líder nato, quiere tener la responsabilidad de la casa y se proyecta a largo plazo. Por eso es importante que las dos personalidades se junten. Son negligentes, hay que recordarles las cosas porque se olvidan de sus compromisos, el varón no quiere asumir la responsabilidad, la mujer debe recordárselo. En Latinoamérica, tenemos muchos machos y pocos hombres. Manifiestan sentimiento de desánimo que los golpean todo el día, salen a trabajar con el sudor de su frente, aunque algunos lo quieren hacer ¡con el sudor del de enfrente! Son egoístas y se creen el centro del universo, viven como si fueran el ombligo del mundo.

Las mujeres somos insistentes, como una gotera, y esto constituye un peligro para la relación. Expresamos sentimientos de soledad, somos posesivas, cuando estamos deprimidas, vamos y compramos algo; batallamos con nuestro esposo, vamos y compramos algo, estamos felices, vamos y compramos algo para celebrar.

Al comprender un poco más cómo funcionan "ellos" y cómo funcionamos "nosotras", las mujeres, sólo nos queda preocuparnos por conocer el funcionamiento del "ser" del hombre, y apoyarlos cuando están desanimados. El esposo puede soportar cualquier desprecio, cualquier problema, cualquier maltrato, siempre y cuando esto no provenga de la esposa, no hay nada que desanime tanto la vida de un hombre que la falta de confianza y comprensión de la esposa.

Dios nos ha dado a las mujeres esa capacidad de sensibilidad, de levantarnos ante la adversidad, y hacerle frente a la vida. Esas cualidades son las que nos ayudan para darle una palabra de aliento a nuestro esposo desalentado.

En las Sagradas Escrituras, Dios dedicó un capítulo completo para hablar acerca del rol multifacético de las tareas diarias que la mujer realiza desde que se levanta hasta el anochecer. *"¡Qué difícil es hallar una esposa extraordinaria!"*, dice Proverbios 31:10 en la versión de La Biblia en Lenguaje Sencillo. Esta declaración reafirma la dicha del hombre que encuentra una mujer así.

Las mujeres también podemos ser sabias o necias. Una mujer sabia ayudará en el carácter de su esposo animándolo a ser honesto en su relación de pareja, en el trabajo, en los negocios, en su relación con

Dios, con la familia, en la administración de su tiempo y los recursos que Dios le ha dado.

Las cualidades destacables de la mujer que prospera se exaltan en todo este libro, trabajo duro, inversiones sabias, buen uso del tiempo, planificación anticipada, cuidado de los demás, respeto por su cónyuge, la habilidad de compartir y poner en práctica los valiosos valores para con su prójimo y entender el consejo sabio y practicar el temor piadoso.

3. Los hijos

"Y vosotros, padres, no provoquéis a ira a vuestros hijos,
sino criadlos en disciplina y amonestación del Señor."
EFESIOS 6:4 (RV60)

Nuestros hijos deben ser una prioridad importantísima en nuestra vida, antes que el trabajo, y cualquier otra actividad. Deben venir inmediatamente después de nuestro cónyuge. La Escritura es clara en ese punto.

Debemos dar a nuestros hijos aquello que no se puede comprar con dinero: nuestro ser, nuestra historia, nuestras experiencias, nuestro tiempo... Dejemos que nuestros hijos compartan nuestra vida porque ninguna técnica psicológica funcionará si el amor no funciona.

Lamentablemente, las columnas de la familia están resquebrajadas por la falta de valores, la falta de acuerdos sabios y las relaciones inadecuadas entre los cónyuges y su responsabilidad como padres, la falta de buenos modelos que produce efectos severos en la relación de padres a hijos. Muchas familias viven en apariencia y por vergüenza no buscan el consejo a tiempo; muchas parejas no se hablan y están a punto del divorcio, mientras que otras están experimentando violencia intrafamiliar.

En mi trabajo como terapeuta aconsejo a muchas familias, y son las mamás las que vienen pidiendo ayuda para sus hijos diciéndome: "Mire, aquí le traigo a mi hijo. Por favor ayúdeme. No se qué hacer con él. En el colegio me dijeron que debo llevarlo a un psicólogo". Normalmente les respondo que con mucho gusto la ayudaré, pero primero necesito tener una reunión con el padre y la madre de la criatura". Entonces surge la objeción: "Pero... ¿por qué? Si es el niño es el que necesita ayuda". Mi respuesta estándar es: "Lo siento pero es un requisito hablar primero con usted y su esposo".

Cuando platico con la pareja me doy cuenta de que su relación no es la adecuada, y es obvio que ellos son los primeros que necesitan ayuda urgente. La pregunta es: ¿Cómo pueden ellos ayudar al niño, si no están bien, si no tienen una relación sana, si no están de acuerdo en cómo criarlo y educarlo? Luego de unas dos reuniones podemos conversar con el niño. Tres semanas después, vienen a decirme que el niño está cambiando. Es tanto su egoísmo que no pueden admitir que fueron ellos los que dieron el primer paso de cambio: Si la cabeza está bien, el cuerpo también está bien.

Las madres que ofrecemos nuestro ser a nuestra familia ponemos en orden nuestras prioridades y dejamos a un lado el materialismo y el consumismo que nos han atrapado. Si queremos ofrecer nuestro ser, más que simplemente regalitos a nuestros hijos, dediquémosles tiempo, atención, comunicación, nosotras debemos responsabilizarnos y darles la prioridad en nuestra agenda, que aunque repleta de actividades importantes, no tienen que interferir ni descuidar nuestra labor como madres que es sumamente imprescindible.

Algunas personas no están de acuerdo conmigo, pero después de mi horario de trabajo, procuro no atender llamadas que desvíen la atención que les debo a mis hijas, porque en algún momento, en el trabajo alguien con mejores cualidades que yo puede sustituirme, pero en el hermoso privilegio que tengo como madre, nadie, puede sustituirme, ni debo permitir que eso ocurra.

4. Nuestro trabajo o ministerio

Proverbios 31 nos muestra un bello cuadro de una mujer trabajadora que vive una vida equilibrada y hace hincapié en su hogar. El trabajo de la esposa no es tanto en el hogar, como por el hogar. La Biblia no dice que una mujer debe estar confinada a la cuatro paredes del hogar, sino que se involucra en cosas relacionadas con el hogar.

Hay muchas razones del porqué las mujeres se han involucrado en toda clase de empleos: las esposas casadas trabajan para llevar ingresos adicionales a la familia, para desarrollar su creatividad o porque disfrutan del ambiente de trabajo. Las mujeres, que nos desarrollamos como profesionales y tenemos trabajos fuera de casa, llevamos una pesada carga de por lo menos setenta a ochenta horas semanales de trabajo, incluyendo el empleo y los quehaceres del hogar. Los esposos en Latinoamérica deben tomar nota de ello y ayudar con esta carga para que la esposa pueda guardar ese equilibrio de prioridad para su familia. Las viudas, las divorciadas, las madres solteras y aquellas que se encuentran debajo del nivel de pobreza muchas veces tienen que trabajar para las necesidades básicas de sus familias, para ellas no hay opción. Pero para las casadas, es una decisión que se debe tomar en total acuerdo con el esposo y en oración para que ambos se apoyen y cumplan las prioridades que Dios ha establecido para el bienestar de su familia.

Muchas mujeres hoy en día se han vuelto "trabajólicas" (adictas al trabajo) y su motivación es hacer y hacer dinero, no digo que está mal que nos desarrollemos como profesionales, mujeres de negocios, empresarias, yo misma lo soy, el principio aquí es medir nuestras fuerzas y no descuidar el privilegio que Dios nos ha dado como esposas y como madres. No debemos permitir que el trabajo nos robe el tiempo de calidad que le debemos a nuestra familia, no olvidemos que en el trabajo cualquiera nos puede sustituir, pero en la familia no, y tampoco debes permitirlo, Dios nos pedirá cuentas sobre cómo hemos administrado lo que Él nos ha confiado.

El mismo principio de trabajo es aplicado para aquellas mujeres que somos hijas de Dios, siervas de Dios, y que pasamos tanto tiempo en la iglesia a tal punto que hemos dejado en segundo plano a nuestra familia, al esposo, a los hijos, y para cuando venimos a darnos cuenta, es demasiado tarde. Te animo, querida mujer, a que guardes el equilibrio en tu vida, Dios nos ha dado la capacidad de ser multifacéticas: somos a la vez, madres, esposas, amigas, profesionales, siervas de Dios, y ¡Él en su gracia nos permite alcanzar todo esto!

Además, sobre todos los otros compromisos, tenemos el compromiso de sostener a nuestra propia familia y de cumplir con el ministerio que Dios nos ha encomendado. *"Porque si alguno no provee para los suyos, y mayormente para los de su casa, ha negado la fe, y es peor que un incrédulo"* dice el apóstol San Pablo en 1 Timoteo 5:8 (RV60). *"Mira que cumplas el ministerio que recibiste en el Señor"* expresa también Colosenses 4:17 (RV60).

*"Pero es necesario que el obispo sea irreprensible, marido de
una sola mujer, sobrio, prudente, decoroso, hospedador, apto
para enseñar; no dado al vino, no pendenciero, no codicioso de
ganancias deshonestas, sino amable, apacible, no avaro; que
gobierne bien su casa, que tenga a sus hijos en sujeción con
toda honestidad (pues el que no sabe gobernar su propia casa,
¿cómo cuidará de la iglesia de Dios?)"* 1 Timoteo 3:2–5 (RV60).

5. Todo lo demás

La credencial para un ministerio o un trabajo valedero es una familia
ordenada y bien cuidada.[8] A menudo, el haber colocado el ministerio o
el trabajo antes que la familia ha creado tensiones familiares que han
limitado y empobrecido a ambos.

Finalmente, deberían venir las demás metas en la vida. Luego del
trabajo y el ministerio, uno puede poner al resto de la familia extendida (padres, suegros, primos), la educación, las vacaciones, las metas
financieras, etc.

Ahora, te animo una vez más a que pienses sobre la forma en la
que tú inviertes el tiempo semanalmente y las prioridades bíblicas en
tu vida. Si miras con atención, descubrirás que el orden de prioridades
se opone diametralmente a la forma en la que generalmente ocupas tu
tiempo cada semana.

Una secuela de hijos rebeldes al evangelio, de esposas amargadas y de
padres entristecidos es el resultado de no haber mantenido las prioridades
en cuanto a la familia. Por eso es esencial que cada semana planifiques
junto a tu familia pasar un día juntos, pero ¡un día de verdad!, con la
familia. Si es necesario salir de la casa para lograrlo. ¡Pues váyanse al
campo o al lado del río, pero háganlo! Dedica un día a los tuyos, el
lugar o cuánto dinero necesitan para hacerlo no es lo importante, ¡lo
importante es estar juntos!

---

8. Basado en 1 Timoteo capítulo 3 verso 5.

PREGUNTAS Y PRÁCTICA DEL CAPÍTULO 3

1. ¿Por qué Dios debe ser la prioridad número uno en tu vida?

_____

_____

_____

2. ¿Qué situaciones y conductas se observan en las familias donde papá y mamá no tienen un matrimonio bien consolidado?

_____

_____

_____

3. ¿Qué necesitas hacer tú para consolidar aún más tu matrimonio? Trabaja en estos aspectos con tu esposo.

_____

_____

_____

4. ¿Cuáles de las siguientes causas podrían afectar negativamente la relación que tienes con tus hijos?

   * inadecuada relación conyugal   * falta de tiempo con los niños

   * falta de responsabilidad en tu rol maternal   * otra causa_____

5. ¿Cómo podrías modificarlas?

_____

_____

Ejercicio

6. ¿Qué ministerio desarrollas para el Señor? ¿Cuánto tiempo le dedicas? ¿De qué manera tu familia está involucrada también?

_____

_____

_____

Ejercicio: En primer lugar, quisiera que escribas cuáles son las cinco prioridades más importantes en tu vida (por ejemplo: tu esposo, tu familia, Dios, el trabajo, los estudios, etc.) Si tu cónyuge está leyendo este libro contigo, entonces cada uno haga sus propias notas... ¡y no se copien!
Prioridades (en orden de importancia):

1. _____   3 _____
2. _____   4 _____
5. _____   7 _____
6. _____   8 _____

Ahora, me gustaría animarte a que escribas cómo gastas tu tiempo durante la semana. Cuenta la cantidad de horas que pasas durmiendo; en el trabajo; si vas a la iglesia dos o tres veces a la semana y pasas de 6 a 10 horas ahí; si vas a un club varias veces por semana o asistes a reuniones de mujeres; si tienes algún trabajo extra; si te lleva más de dos horas regresar de tu trabajo, eso serían unas 14 horas por semana que te pasas viajando; si tomas tiempo los fines de semana para salir a acampar o a pasear. Escribe, en grandes categorías, cómo estás pasando tu tiempo, cuántas horas estás dedicando a cada cosa. Por ejemplo:

Actividad	Cantidad de horas semanales
Dormir	(8 horas por 7 días) 56 horas
Trabajar	(8 horas por 5 días) 40 horas
Comer	(4 horas por 7 días) 28 horas
Viajar	(2 horas por 6 días) 12 horas
Mirar TV	(2 horas por 6 días) 12 horas
Iglesia (varias actividades)	8 horas

Ahora es tu turno. Con toda honestidad, escribe tus prioridades:

Actividad   **Cantidad de horas semanales**

_____

_____

_____

_____

_____

_____

_____

Ahora, mira detenidamente las dos listas. Observa cuáles son tus prioridades en la vida y compáralo con la cantidad de horas que pasas a la semana en cada actividad. ¿Ves el problema?

Pasamos la mayor parte de nuestro tiempo haciendo cosas que no son prioritarias en nuestra vida. En realidad, ¡las dos listas se oponen! ¿verdad?

Si tienes una pareja, comparte los resultados de este descubrimiento y planifiquen juntos al respecto.

La mujer que prospera aprendió
a desarrollar exitosamente
sus habilidades personales.

"Mujer hacendosa [...] Busca lana y lino, y con agrado trabaja
con sus manos. También se levanta cuando aún es de noche,
y da alimento a los de su casa, y tarea a sus doncellas.
Evalúa un campo y lo compra; con sus ganancias planta una viña.
Ella se ciñe de fuerza, y fortalece sus brazos.
Nota que su ganancia es buena, no se apaga de noche
su lámpara. Extiende sus manos a la rueca, y sus manos toman
el huso. No tiene temor de la nieve por los de su casa,
porque todos los de su casa llevan ropa escarlata.
Se hace mantos para sí; su ropa es de lino fino y de púrpura.
Hace telas de lino y las vende, y provee
cinturones a los mercaderes".

PROVERBIOS 31:10, 13–19, 21–22, 24 (LBLA)

CAPÍTULO 4

LA BÚSQUEDA Y LA CONQUISTA DEL DESARROLLO PERSONAL

Lic. Nilda Pérez

El mundo de hoy y tu prosperidad

La mujer que prospera es:
- Una mujer de carácter excepcional y de principios inquebrantables.
- Desarrolla su carácter.
- Es íntegra y de una virtud impenetrable.
- Se rige por los más altos valores.
- Se gana el respeto de todos los que están a su alrededor.
- Procura cumplir con la voluntad de Dios.
- La gente la admira y la respeta hasta el punto de venerarla.
- La gente sabe lo que es íntegro en su vida y lo hace.
- Todos quieren estar con ella porque edifica sus vidas.
- Siempre cumple su palabra.
- Crea una lealtad y seguridad inquebrantable.
- Es una mujer que siempre dice la verdad.

(Anónimo)

El mundo postmoderno que nos ha tocado vivir se caracteriza por la incertidumbre y los constantes cambios que amenazan nuestra estabilidad económica. Dios quiere que seamos mujeres de principios, con valores firmes como lo son la honestidad y la integridad. Cuando hay honestidad e integridad hay prosperidad. Lo que estamos viendo que ocurre con la crisis económica en el mundo entero es consecuencia de la decadencia moral que vivimos.

Hoy más que nunca, el mundo necesita la aportación activa de la "mujer virtuosa". Cada vez más vemos cómo las mujeres tienen el deseo de querer aportar a las finanzas familiares. Por tal motivo si queremos darles una firmeza económica a nuestra familia debemos ser mujeres que constantemente desarrollemos las habilidades que Dios ha puesto en nuestras manos. Dios nos creó a cada una con habilidades y dones específicos. Es responsabilidad nuestra desarrollarlos al máximo. En la medida que desarrollemos esas habilidades Dios nos dará habilidades mayores. Como dice el apóstol amado de Jesús en 3 Juan 2 (RV60): *"Amado, yo deseo que tú seas prosperado en todas las cosas, y que tengas salud, así como prospera tu alma"*.

Ahora bien, note que Juan no sólo escribió "quiero que prosperes", sino "quiero que prosperes así como prospera tu alma". Vinculó la prosperidad económica con la prosperidad de nuestra mente, nuestra voluntad y nuestro estado de ánimo. El plan de Dios es que crezcamos en nuestras finanzas tanto como en nuestra vida espiritual. La mujer que describe Proverbios 31 fue una mujer que supo crecer primero espiritualmente y luego desarrolló sus habilidades para ser eficaz en los diversos roles que tenía.

A Dios le interesa nuestro ser. Él sabe que es peligroso poner grandes riquezas en manos de alguien que no es lo suficientemente maduro espiritualmente como para manejarlas. Se pueden ver evidencias dramáticas de esto en la vida de personas que han adquirido riquezas económicas mediante el sistema de este mundo y que luego mueren más jóvenes, llenos de amargura y estrés, descuidando y destruyendo a sus familias.

El plan de Dios es que nosotros disfrutemos de "prosperidad integral" en nuestra vida. Él no quiere que vivamos en la pobreza. Nos ha dado mentes creativas y habilidades para que las desarrollemos a su máxima expresión. Todas nosotras fuimos creadas para experimentar la prosperidad y la abundancia que Dios tiene para nosotras, *"conforme a sus riquezas en gloria".*[1] Cuando estamos viviendo bajo Su plena voluntad en nuestra vida hay propósito y dirección, y nos llenamos del gozo verdadero *"que sobrepasa todo entendimiento"*.[2]

Dios quiere que las personas prosperen, lo que pasa muchas veces es que nosotras no tenemos la sabiduría financiera para aplicar los principios que están establecidos en la Palabra de Dios. La pregunta es: ¿Por qué algunas personas no prosperan en su vida cristiana y personal?, en primer lugar, tienen una apreciación teológica desvirtuada. Consideran que tener riquezas es algo malo y pecaminoso. Hay cristianos que viven bajo la influencia de la teología de la pobreza, la cual induce que para ser espiritual hay que despojarse de toda riqueza y bienes materiales. Que a mayor pobreza, sacrificio y sufrimiento mayor crecimiento espiritual. Déjame decirte que si eres de las que piensa de esta forma padeces de una desvirtuación teológica del evangelio.

En Latinoamérica el enemigo ha ganado ventaja en el área del desarrollo. Muchas mujeres viven bajo la opresión del enemigo que no deja que sus vidas se desarrollen a la máxima expresión de lo que Dios quiere. Esta opresión nos lleva a tener un espíritu de dependencia, de pobreza, de limitación e incredulidad y falta de esperanza.

Las estadísticas demuestran la decadencia en que viven muchas mujeres de nuestro continente. Según el Banco Mundial en todo el mundo hay alrededor de mil trescientos millones de personas pobres, y de esa cantidad el 70% son mujeres. De acuerdo con el Instituto Nacional para la Investigación de la Mujer, la pobreza de la mujer está directamente relacionada con su falta de autonomía y de oportunidades económicas, la dificultad de acceso a los recursos económicos, la educación y los servicios, y su participación en los procesos en la toma de decisiones.[3]

En contraposición a esto es maravilloso ver cómo hace más de tres mil años atrás la Biblia describe a una mujer completamente desarrollada. Hoy en día pensamos que el siglo XX fue el promotor de la liberación femenina, sin embargo Dios ya lo había dejado plasmado en su Palabra hace miles de años atrás. Abramos nuestra mente y corazón para romper con los lazos opresivos que han limitado el desarrollo de las mujeres. Yo te invito a que cortes esa atadura generacional hoy. Nosotras tenemos

1. Filipenses capítulo 4 versículo 7. Versión LBLA.
2. Filipenses capítulo 4 versículo 19. Versión LBLA.
3. Plataforma de Acción Beijing. http://www.un-instraw.org/en/beijing-review/beijin-review/la-mujer-y-la-pobreza/view.html.

que anhelar querer más. Dios tiene cosas maravillosas para tu vida, no te limites, ponte en las manos del Señor y permítele hacer milagros en tu vida.

La buena noticia que tenemos los cristianos es que Cristo murió en la cruz para darnos vida y vida en abundancia. Hay muchas mujeres que viven sin nunca experimentar esa vida abundante que Cristo nos prometió. Esto no significa que la vida en Cristo sea color de rosa o que nunca vamos a tener problemas, esto significa que aún estando en la tormenta o en la adversidad, Cristo nos dará el ánimo y las fuerzas para seguir adelante. En Jeremías 29:11 dice: *"Porque yo sé muy bien los planes que tengo para ustedes, afirma el Señor, planes de bienestar y no de calamidad, a fin de darles un futuro y una esperanza"* (NVI).

Por otro lado la teología de la mayordomía determina que somos responsables por lo que Dios ha puesto en nuestras manos. Pero, para cumplir con esa responsabilidad, primero tienes que descubrir qué ha puesto Dios en ti. Él te ha dotado de inteligencia y entendimiento para que los utilices a beneficio del Señor.

Quisiera hablar sobre la importancia de desarrollarnos y liberar el potencial que Dios ha puesto en nosotras. El diccionario enciclopédico Larousse define la palabra desarrollo como "extender, desplegar lo que está arrollado, ampliar, aumentar, acrecentar". También define la palabra potencial como que "hay algo que es posible, que puede suceder o existir". Dios nos ha llamado a desarrollarnos y a liberar el potencial que Él ha puesto en nosotras. No te limites, puedes lograr todo lo que Él ha destinado para tu vida. Aprende a mejorar tu desempeño, a descubrir y expandir tus talentos, y a construir un entorno de bienestar. Tal vez ya has intentado una vez y fracasaste, pero Dios es un Dios de oportunidades.

Te contaré una historia que cuando la escuché por primera vez caló hondo en mi corazón:

Había una vez un granjero que tenía muchos animales y un día un buen amigo lo fue a visitar. El granjero, queriendo enseñarle su finca, lo llevo a dar un paseo. Al llegar al gallinero, el amigo le dijo:

"Mira, Carlos, eso que está ahí no es una gallina, es un águila". Carlos le contesta: "¡No! Por supuesto que es una gallina. ¡Mira! Come como gallina, camina como gallina y parece una gallina".

El amigo le contestó: "Yo te voy a probar que es un águila y no una gallina. Me voy a subir a este árbol y la voy a echar a revolotear, y cuando salga volando ya veras que es un águila". Entonces se subió al árbol, y cuando la echa al aire, el ave comienza a volar, pero de repente ve a todas las gallinas picoteando maíz en el piso, se identifica con ellas y termina aterrizando junto con esas gallinas.

"¡Te lo dije! Nunca va a volar porque es una gallina", dijo el campesino Pero el amigo le respondió: "Lo que pasa es que la tiré de muy baja altura y estaba cerca del gallinero, al mirar a las gallinas se identificó con ellas. Pero ya verás ahora me iré al techo de la casa, y verás que saldrá volando". El amigo nuevamente agarró al ave y la echó al aire. En esta segunda ocasión el águila ganó un poco más de altura pero nuevamente aterrizó a picotear maíz con sus amigas gallinas.

"No lo sigas intentando", dijo el campesino a su amigo, "nunca va a salir volando porque es una gallina". Sin embargo, por tercera vez, el amigo decidió irse a una loma, lejos del gallinero, y echarla a volar. A estas alturas, el sol estaba en lo más alto del cielo y las águilas tienen la costumbre de volar guiadas por el sol. Cuando el amigo de Carlos se puso en posición para echar a revolotear al ave, esta reconoció la luz del sol y al soltarla levantó vuelo y ganó gran altura.

"Te dije que eso no era una gallina!", le gritó a su buen amigo. "Cuando ya no vio el gallinero ni las gallinas, se enfocó en lo que realmente era: y salió volando ¡como una verdadera águila!"

Cada una de nosotras somos águilas que Dios ha creado para volar alto en la vida, pero muchas veces, porque vivimos en un gallinero nos conformamos con picotear maíz entre las gallinas. Tenemos alas con la capacidad de volar alto, pero no las usamos. Es hora de dejar el gallinero en el que vivimos y comenzar a comportarnos diferente.

Un plan de desarrollo personal

Lo natural en nosotras, las hijas de Dios, es vivir en un proceso continuo de desarrollo y aprendizaje. Para poder desarrollar nuestras habilidades personales cada una debe establecer un plan de desarrollo personal. El desarrollo personal no tiene como énfasis el ser diferente o "mejor" que otras personas, se trata de ser más como Dios quiere que seamos. Eso significa que no competimos con otras mujeres, sino con nosotras mismas. Debemos desafiarnos a crecer a la mayor expresión de la mujer que Dios verdaderamente ha creado en nosotras. Nuestra tarea es aprender a escuchar la voz de Dios y así descubrir cuál es el propósito que Él tiene para tu vida y la mía.

Debemos presentarnos ante la vida con una pasión y un deseo cotidiano de crecer y contribuir. Dios nos llama a salir del gallinero y comenzar a comportarnos como águilas.

¡Basta de pasividad, dale trascendencia a tu existencia!

Es indispensable que sepas hacia donde vas en la vida y cuán activamente procuras lograr tus metas. Debes tener objetivos claros, expectativas firmes y deseos que se harán realidad. Mujer: ¡Atrévete a soñar!

A través de los años de experiencia como *"coach"* he visto que una de las limitaciones más importantes que tienen las mujeres para alcanzar el éxito es su propia actitud. Nuestra actitud en la vida está relacionada con nuestra fe. Para agradar a Dios, debemos tener una actitud de querer hacer las cosas y confiar en Él por los resultados.

Jesús, nuestro Señor dice en el libro de San Marcos 11:22–24: *"Respondiendo Jesús, les dijo Tened fe en Dios. Porque de cierto os digo que cualquiera que dijere a este monte: Quítate y échate en el mar y no dudare en su corazón, sino creyere que será hecho lo que dice, lo que diga le será hecho. Por tanto, os dijo: que todo lo que pidiereis orando, creed que lo recibiréis y os vendrá"* (RV60).

Tengamos fe en Dios. Soñemos el futuro que Dios ha colocado en nuestro corazón, trabajemos con toda el alma y confiemos plenamente en Dios por los resultados. El Señor nos enseña que si nosotros confiamos en el Señor, Él hará. Muchas veces no nos lanzamos al llamado empresarial que tenemos porque medimos la bolsa de Dios con la nuestra.

Quiero compartir contigo mi testimonio personal y cómo Dios fue moldeando mi corazón y enseñándome a depender de Él.

Después de siete años de experiencia trabajando en la industria de la consultoría llegó un momento en que me sentía frustrada, desanimada, estancada y disconforme conmigo misma. Quería hacer muchas cosas, sin embargo, pensaba que no tenía las habilidades para hacerlo. En un momento dado me di cuenta de que sufría de baja autoestima, que estaba llena de miedos y temores que me estaban limitando los planes que Dios tenía para mi vida.

Durante un viaje misionero Dios se glorificó de una forma extraordinaria y me dio una palabra que marcó mi vida. Hay momentos en que tú reconoces que Dios te está hablando por que hay cosas que tienes en tu corazón que nadie más conoce. Entonces, cuando Él utiliza a una persona que no te conoce para hablarte específicamente de lo que hay en tu corazón, es porque te quiere dar una enseñanza. Tal vez puedes identificarte conmigo y saber lo especial que se siente al pasar por una experiencia como esta.

Dios me habló específicamente sobre el miedo, un temor que me estaba limitando. En aquel momento no entendí del todo el mensaje que me quería dar. Pero luego de regresar del viaje misionero, cuando me voy a reintegrar al trabajo, me entero de que me había quedado sin empleo. Mi primera reacción, muy humana, fue reclamarle a Dios por qué me ocurrían estas cosas si yo había estado haciendo su voluntad y estaba trabajando para Él. Pero, poco a poco, Dios fue moldeando mi corazón y en un proceso de cuatro meses me fue enseñando a depender de Él. Cuando aprendemos a depender del Señor vemos milagros en nuestra vida. Aunque veamos las circunstancias difíciles, ¡Dios nunca nos dejará!

Posteriormente una mañana orando al Señor vino a mi mente aquellas palabras que Dios me había hablado por medio del pastor diciéndome: "Tú misma te has estado limitando". Estas palabras se convirtieron en el desafío para levantarme y apoderarme de las promesas de Dios para mi vida. Decidí creer en la palabra de Dios y comencé a desarrollar las propuestas de servicios profesionales en el área de consultoría. De pronto comencé a notar algo distinto en mí, me sentía más segura, más decidida y con un gran ánimo y deseo de alcanzar el éxito. Me di cuenta de que Dios había transformado mi corazón y mi actitud había cambiado. Al transformarse mi corazón y cambiar mi actitud, comencé a ver milagros, tras milagros. Las puertas comenzaron a abrirse y las inseguridades fueron desapareciendo.

La clave es dejar que Dios transforme nuestras actitudes. Constantemente debemos estar conscientes de nuestras actitudes ya que éstas determinan nuestra conducta. De aquí nace nuestro estilo, apertura y hábitos. Nuestra conducta influye en las relaciones con los demás. Si nuestra actitud es negativa afectará la confianza, la colaboración y el compartir con nuestros semejantes. Si nuestras relaciones se ven afectas tendremos problemas en lograr nuestros resultados. El nivel de rendimiento o alcance de logro se verá limitado. Si nuestros resultados son negativos o no son los esperados van a afectar nuestra actitud y se repetirá el ciclo negativo una y otra vez.

En la figura 1 podemos ver el ciclo y el impacto que tienen las actitudes en los resultados. Podemos definir la actitud como un sentimiento interno que se ve reflejado y tiene un impacto en la conducta. La actitud, como lo descubriera Viktor Frankl, constituye la predisposición a responder de una determinada manera con reacciones favorables o desfavorables hacia algo que nos ha pasado en la vida.

Figura 1[4]

Tu actitud refleja tu modo de pensar y es el principio del "punto de creación", es el paso inicial para llevarte a lugares donde tú nunca has estado antes. Las actitudes se van formando de acuerdo a los valores, las creencias y las experiencias que tenemos a lo largo de la vida. Las actitudes ayudan a iniciar nuestro comportamiento y a veces se las llama "motivadores ocultos" porque no siempre se las puede observar. Por eso es importante cuidar lo que entra a nuestra mente. Piensa: ¿Cuantos noticieros ves al día? ¿Qué clase de música escuchas? ¿Qué lecturas, películas y programas de televisión son tus preferidos?

Si en algún momento te das cuenta de que tu actitud es negativa y pesimista con respecto a la vida y a tu futuro, debes orar, buscar consejo y trabajar en descubrir las razones verdaderas por las que tienes

4. Crane, Thomas G. The Heart of Coaching: Using Transformational Coaching to Create a High-Performance Culture. (2 ed.) San Diego California: FTA Press.

esa actitud. Los pensamientos que albergas en tu mente influyen en tus decisiones a corto y largo plazo. Toda acción nace en un pensamiento. Cuida tus pensamientos. Todo pensamiento nace del corazón, por eso cuida tu corazón.

¡Es así de simple!

En una ocasión leí un artículo anónimo sobre por qué hay una brecha tan grande entre los países desarrollados y los países subdesarrollados. Este artículo evaluaba tres diferentes variables para analizar si éstas aportaban al desarrollo de los países, a continuación te presento el análisis que realizaron:

La primera variable analizada fue la antigüedad de los países. Luego de examinar países como la India y Egipto, se descartó la idea porque estas naciones milenarias todavía están en un bajo nivel de desarrollo.

La segunda variable analizada la constituyeron los recursos naturales en los países desarrollados. Pero luego de analizar naciones como Japón, una potencia económica mundial, con un territorio tan pequeño y montañoso, (no apto para la agricultura ni la ganadería) provocaron serias dudas en la mente de los investigadores. El territorio japonés es como una gran fábrica flotante que importa materia prima de todo el mundo, la procesa y el producto resultante es exportado también a todo el mundo acumulando riqueza. También se estudió el caso de Suiza, sin océanos, pero que tiene una de las mayores flotas náuticas del mundo. Que no tiene cacao, pero sí el mejor chocolate del mundo. Que en sus pocos kilómetros cuadrados cría ovejas y cultiva el suelo sólo cuatro meses al año ya que en los restantes es invierno. Que tiene los productos lácteos de mejor calidad de toda Europa. Al igual que Japón no tiene productos naturales pero da y exporta servicios de calidad muy difíciles de superar. Otro país pequeño cuya seguridad, orden y trabajo, lo convirtieron en la "caja fuerte" del mundo. Definitivamente estos ejemplos nos inspiran y nos dejan saber que los recursos naturales que pueda tener un país no son los que determinaron el nivel de desarrollo.

La tercera variable analizada fue la inteligencia de las personas. Pero luego de una serie de estudios se identificó que tampoco esto marca la diferencia. Entonces, se llego a la conclusión que es la actitud de las personas lo que marca la diferencia. Su actitud con respecto al trabajo, al futuro, a la forma en la que gastan y ahorran su dinero. Su actitud en cuanto a la justicia y al tipo de autoridad con la que lideran el país. Su amor por la educación, por la libertad y por Dios. Su actitud fue lo que influyó y la tuya también lo hará en tu vida y la de tu familia. Una vez leí una historia muy interesante que me gustaría compartir contigo:

Había una vez un joven que salio de su ciudad natal para ir en busca de nuevas experiencias para su vida. Este joven llegó a una nueva ciudad y a la entrada de la misma vio un anciano sentado en un banco, al pasar de frente le pregunto al anciano: "Oiga: ¿cómo es la gente de este lugar? El anciano le contestó: ¿Cómo es la gente del lugar de donde vienes? El joven contestó de mala manera: "La gente del lugar de donde vengo es malcriada, vulgar, insensible, malhumorada y ¡ya yo no podía vivir allí! Por eso vengo a esta ciudad". El anciano le contestó: "Pues eso mismo vas a encontrar aquí". El joven muy triste bajó su cabeza y siguió caminando. Tenía la esperanza de encontrar algo diferente.

Al rato llegó otro joven en las mismas circunstancias del primero. En búsqueda de nuevas aventuras arribó a la ciudad y vio al mismo anciano sentado en la misma banca. Entonces, le hizo la misma pregunta: "Oiga ¿cómo es la gente de este lugar? El sabio anciano contestó nuevamente: "¿Cómo es la gente del lugar de donde vienes?" El joven respondió con entusiasmo: "La gente del lugar de donde vengo es cariñosa, amable, servicial, ¡una lástima que haya tenido que salir de aquel lugar!". El anciano le contestó: "Pues eso mismo vas a encontrar aquí". El joven siguió muy alegre su camino.

Otro hombre, que se hallaba sentado al lado del anciano y que había visto a ambos jóvenes hacerle la misma pregunta lo cuestionó intrigado y dijo: "Disculpe, buen hombre ¿cómo es posible que a la misma pregunta le haya dado dos respuestas tan diferentes?" El anciano le respondió: "A los dos le contesté igual… pues lo que ellos tienen por dentro es lo que encontrarán afuera".

Nuestras actitudes tienen un impacto directo sobre cómo interpretamos la realidad y obtenemos resultados. Quiénes somos nosotras interiormente tiene una profunda influencia sobre la forma en la que encaramos la vida y las posibilidades que tenemos de triunfar.

Si empezamos un negocio pensando que nos va a ir mal, no sólo tendremos que luchar contra la vida y contra los desafíos que tenemos por delante, también tendremos que luchar ¡contra de nosotras mismas!

Nuestra actitud ganadora, sin embargo, no debe proceder de lo que nosotras podemos hacer por nuestras propias fuerzas. Debe estar enraizada en lo que Dios ha hecho y puede hacer a través de nosotras.

PREGUNTAS Y PRÁCTICA DEL CAPÍTULO 4

1. Dios anhela que disfrutemos de una prosperidad integral y Él nos da los talentos y las habilidades que necesitamos descubrir y desarrollar. Anota aquí aquellos talentos y habilidades que tú posees, y luego resalta o subraya los de debes desarrollar más.

_____   _____   _____

_____   _____   _____

_____   _____   _____

2. Nuestras actitudes determinan nuestra conducta. Los valores, las creencias y las experiencias determinan de qué manera te desenvolverás; esto influirá en tus relaciones y afectará el resultado de todo lo que emprendas. Entonces, analiza y observa tus actitudes y conductas, y apunta aquellas positivas que debes reforzar (+) y las negativas que debes modificar (–), porque no te benefician .

_____   _____   _____

_____   _____   _____

_____   _____   _____

3. Declaraciones bíblicas para pensar
    Lee las siguientes verdades. Luego planea pensar y meditar al respecto durante los próximos cuarenta días. Te lo recordaremos al final de los capítulos siguientes.

- Soy la hija del Dios Altísimo (San Juan 1:12).
- Dios es mi Padre y Él quiere lo mejor para mí (San Mateo 7:9–11).
- Yo soy bella y sabia, porque Él me ha hecho bella (Génesis 1:31) y Su Espíritu me da una sabiduría especial que no es de este mundo (Santiago 3:17).
- Dios no me ha dado un espíritu de cobardía, sino de poder, de amor y de dominio propio (2 Timoteo 1:7).

- Fui diseñada por Dios para ganar, para vencer: Vencer al pecado, vencer a la muerte, vencer a Satanás y vencer en mis negocios (2 Corintios 2:14; Salmo 20:7–8).
- Todo lo que me pasa es para mi bien. Dios puede cambiar las derrotas en triunfos (Romanos 8:28).
- No hay lugar más seguro en el universo, que encontrarse viviendo en el centro de la voluntad de Dios (Efesios 1:11–12; Colosenses 1:9–10; Hebreos 13:20–21).

CAPÍTULO 5

APRENDIÓ A TRABAJAR CON SUS MANOS

Lic. Nilda Pérez

"Busca lana y lino, y con agrado trabaja con sus manos".

PROVERBIOS 31:13 (LBLA)

Para una mujer que prospera, trabajar con sus manos es un placer porque lo hace no solamente con diligencia, sino también con buena voluntad, sabiendo que sus esfuerzos están bien empleados. No hace las cosas porque la obligan, sino porque desea hacerlas. Su motivación es el amor que le tiene a su esposo, a sus hijos y a su hogar, por lo que se siente feliz haciéndolo.

Trabajar con las manos significa trabajar con lo que tienes. Es nuestro deber y responsabilidad identificar cuáles son las cosas que Dios ha colocado en nuestras manos y que podemos usar para salir adelante en nuestra vida económica. En el relato bíblico de la viuda y Eliseo en 2 Reyes 4:1–8, el profeta le hace una pregunta que esta mujer no esperaba: *"Declárame qué tienes en tu casa"* (RV60). Dios siempre va a comenzar el proceso de sanidad económica en tu vida con lo que tú ya tienes en tu casa; aunque, como esta viuda, desconozcas todo lo que tienes o no creas que lo que tienes es de importancia alguna. Porque a Dios no le interesa tu habilidad. *A Él le interesa tu disponibilidad.* Por eso lo importante es lo que pones a su disposición. El Señor puede tomar y multiplicar en gran manera. Puede llamar a las cosas que no son como si fueran (Romanos 4:17, rv60). Él creó al universo con el poder de su Palabra y puede crear en ti y para ti lo que Él quiera.

La historia que cuenta el Señor Jesús en Mateo 25:14 nos enseña que Dios entrega a cada persona diferentes habilidades y talentos. Algunos tal vez tienen más capacidad o habilidad que otros, pero Dios les da a todos algo. Esta parábola muestra claramente que es nuestro deber y responsabilidad multiplicar lo que Dios nos ha dado. Algunos usan lo que Dios les ha dado para glorificarlo, pero otros ignoran su relación con Dios y los talentos que se les dio. Los primeros dos siervos recibieron diferentes cantidades pero los dos fueron fieles para usar bien lo que tenían de su señor. El tercer siervo no desarrolló lo que su amo le había delegado y, por eso, se le quitó y se les dio a los que lo habían multiplicado.

¡Mujer! Es hora de multiplicar y desarrollar lo que Dios te ha regalado. Mucho o poco, ponlo en sus manos. No te limites porque tú tienes la capacidad de realizar grandes cosas para glorificar el nombre de Dios.

Durante muchos años he trabajado como consultora en desarrollo organizacional y *"coach"* certificada para ayudar a grandes empresas. Si me lo permites, ahora quisiera colocar esa experiencia y ese talento que Dios me dio para tu beneficio personal. Permíteme darte cinco recomendaciones para que puedas entrar en un proceso de crecimiento continuo:

1. Conócete a ti misma.
2. Descubre tu pasión.
3. Mírate al espejo (busca la "retroalimentación").
4. Desarrolla tu creatividad.
5. Establece metas.

1. Conócete a ti misma

La mujer que prospera es aquella que está consciente de cuáles son sus fortalezas y sus áreas a mejorar. Entonces, trabaja sobre tus fortalezas y busca ayuda para tus áreas débiles. Conócete en profundidad y aprende a manejar bien tus emociones e impulsos.

LA MUJER QUE PROSPERA

Te recomiendo que semanalmente busques un lugar inspirador y acogedor en el que puedas reflexionar sobre cómo te fue en la semana e identifiques cómo puedes mejorar lo que estás haciendo. Para poder mejorar nuestras habilidades es sumamente importante poder tener conciencia de las áreas que necesitamos optimizar.

A continuación, me gustaría compartir contigo lo que llaman en el campo de la planificación estratégica un "Análisis FODA" (Fortalezas, Oportunidades, Debilidades y Amenazas). Este análisis te lleva a identificar factores internos (las fortalezas y las debilidades) y factores externos (las oportunidades y las amenazas) que pueden influenciar en la prosperidad de tu vida personal y familiar.

Este autoexamen es una muy buena herramienta que normalmente se usa en las empresas. Sin embargo, al analizar cierto material de James Manktelow encontré que se puede usar a nivel personal. A continuación verás este tema teórico más en detalle y al final del capítulo lo llevarás a la práctica.[1]

Identifica tus fortalezas

Cuando pienses en tus fortalezas, piensa en aquellas áreas específicas en las que has sido exitosa. Piensa en las destrezas que otras personas reconocen en ti. También puedes pensar en aquella acción por la cual te sientes orgullosa. Puedes preguntar a tu familia y amistades qué ven ellos en ti como fortalezas. Piensa:

¿Qué ventajas tengo sobre otras personas en el mismo negocio?

1. ¿Qué me hace mejor?
2. ¿A qué recursos especiales o de bajo costo tengo acceso?
3. ¿Qué es lo que otros ven en mí como una fortaleza?[2]

Años atrás, la gente miraba sus fortalezas y sus debilidades. Luego, se concentraba en "equilibrar" sus fortalezas, trabajando en sus debilidades. Sin embargo, en el siglo XXI la tendencia es concentrarse en las fortalezas y no enfatizar las debilidades. Busca gente que sea fuerte en tus debilidades y te complemente. De esa manera, puedes crear un

1. Manktelow, James. *Personal Development Plan Work: Essential Skills for an Excellence Career*. Mind Tool Ltd.
2. http://es.wikipedia.org/wiki/An%C3%Allisis_DAFO.

equipo de personas donde todos trabajan en sus áreas fuertes (como un equipo de fútbol). Este es un verdadero equipo ganador.

Identifica tus debilidades

Para identificar tus debilidades tienes que ser lo más sincera posible. Debes pensar en aquellas áreas en donde te sientes vulnerable, que no tienes la suficiente experiencia pero que son importantes para tu desarrollo. Piensa:

1. ¿Qué puedo mejorar?
2. ¿Qué debería evitar?
3. ¿Qué características de mi personalidad la gente percibe como una debilidad?
4. ¿Qué cosas en mi carácter reducen mis posibilidades de crecer económicamente?[3]

Sé honesta contigo misma. Recuerda que mientras más consciente eres de estas áreas, mayor oportunidad tendrás para trabajar en ellas, mejóralas o pedirle a alguien que te ayude para poder enfocarte en tus fortalezas.

Identifica tus oportunidades

Para identificar tus áreas de oportunidad puedes mirar a tu alrededor e identificar elementos específicos que pueden ayudarte a tener éxito. Piensa cómo puedes hacer para maximizar tus fortalezas y minimizar tus debilidades. En qué áreas puedes ver una oportunidad mayor de crecimiento. Piensa:

1. ¿Qué tengo en mis manos? ¿Qué me ha dado Dios?
2. ¿Dónde puedo poner en práctica mis capacidades?
3. ¿Dónde hay una necesidad de productos o servicios?
4. ¿Cuál es la necesidad de producto o servicio que sólo yo puedo satisfacer?

---

3. Ídem anterior.

Identifica tus amenazas

Para identificar tus amenazas piensa en aquellas cosas que te pueden causar preocupación y estrés. Identifica qué destrezas son clave para continuar con tu desarrollo y cuáles son las cosas que aún necesitas mejorar. Piensa:

1. ¿Con qué obstáculos me enfrento?
2. ¿Qué están haciendo mis competidores?
3. ¿Cuáles son las cosas que me podrían detener totalmente?
4. ¿Qué tan vulnerable soy a la falta de dinero?

2. Descubre tu pasión

La gente puede hacer un trabajo porque lo necesita para vivir, para ganar dinero o por temor a las represalias. Sin embargo, las personas dan la vida por una pasión. Piensa, por ejemplo, en los mártires de la fe o en los líderes del movimiento de independencia de tu país. A pesar de que su misión no les traería fama ni fortuna, estuvieron dispuestos a poner su vida en juego. La pasión que sentían por dicha visión y misión los movilizaba.

Piensa: ¿Qué es lo que verdaderamente disfrutas hacer con todo tu corazón? ¿Qué tipo de cosas harías todo el día sin cansarte? ¿Qué tipo de actividad te da energía?

Probablemente eso que tanto te gusta hacer es donde Dios te ha dado los dones y los talentos que te harán prosperar. Leí en algún lugar que uno se debe preguntar: "¿Cuáles son las cosas que me enojan?". En la respuesta a esa pregunta se encuentra el problema que Dios quiere que resuelvas en el mundo.

A veces, las mujeres me dicen que no se sienten talentosas, que no han tenido la oportunidad de estudiar una profesión, que nunca se han sentido exitosas en nada en la vida. Algunas, incluso, han sufrido el maltrato de sus esposos, quienes las desvalorizan, las humillan y las desprecian. Por eso, es hora de que rechaces todas esas ideas y comiences a verte como Dios te ve. Él te ha creado a su imagen y semejanza. Ha dado a su propio Hijo por ti. Tú eres lo más valioso del universo para Dios.

Entonces la clave para trabajar con excelencia es trabajar de todo el corazón y ponerle pasión a lo que hacemos. Pasión es la entrega total, la dedicación y el esmero, es el primer paso hacia la realización, aumenta tu fuerza de voluntad y hace posible lo imposible. Aquí radica la gran diferencia entre una líder y una persona común. Una líder se caracteriza por su actitud apasionada por las cosas, por su deseo genuino de lograr las metas sin importar cuán complicado se vea el camino. Por lo tanto, si quieres ser una mujer próspera en tu familia, en tu ciudad y en tu país te animo a que trabajes con todo tu corazón y con todas tus fuerzas en cada cosa que emprendas.

3. Mírate al espejo (busca la "retroalimentación")

Ninguna de nosotras saldríamos a la calle sin habernos mirado primero al espejo, ¿no es cierto? La verdad, es que algunas de nosotras nos miramos en el espejo, en las ventanas de las casas, en las de los negocios, en las ventanillas de los autos... ¡y en cualquier cosa que refleje nuestra imagen! Esa es, justamente, la idea de la "retroalimentación". Es ver en los otros cómo nos estamos reflejando en ellos. La información que recibimos de otras personas nos llevarán a hacer ajustes internos que modifiquen nuestro comportamiento.

Si estamos en una plataforma a punto de comenzar a hablar y la gente de la audiencia nos mira, comienzan a hablar entre ellos y se empiezan a sonreír, nosotras, inmediatamente, empezaremos a ver si no tenemos algo colgado en el cabello o si hay algo raro en nuestro vestido. Por eso prestamos atención a lo que nos dice la audiencia como respuesta a nuestro comportamiento. Tratar de entender cómo impacta sus vidas y qué deberíamos hacer diferente para comunicar mejor o para vender mejor nuestro producto.

La retroalimentación es un proceso muy importante porque te ayuda a crear conciencia de las conductas que tienes pero que tú no ves. Hay áreas que no nos podemos ver a nosotras mismas y necesitamos la ayuda de otra persona para que nos deje saber "lo bueno, lo malo y lo feo" de nuestro comportamiento. Pregúntate con honestidad y escucha con atención.

Por ejemplo, piensa:

1. ¿Tengo algún tic nervioso que distrae a la gente?
2. ¿Hablo demasiado?
3. ¿Me explico con claridad o confundo a la gente?
4. ¿Me paro apropiadamente?
5. ¿Es mi vestimenta apropiada o distrae a las personas?

Una advertencia final: no debemos confundir la retroalimentación con la crítica. La crítica siempre es negativa, es un ataque a la persona, se enfoca en el problema y aborda la acción pasada. La retroalimentación tiene una meta positiva, se concentra en la acción, se enfoca en la solución y presenta alternativas creativas para crear un mejor futuro. A continuación encontrarás un esquema de Kurt Wright sobre las diferencias entre la crítica y la retroalimentación:[4]

CRÍTICA	RETROALIMENTACIÓN
• Previene el cambio	• Promueve el cambio
• Orientado a decir	• Orienta a preguntar
• Enfocado al pasado	• Enfocada al futuro
• Causa actitud defensiva	• Invita a la apertura
• Inhibe el aprendizaje	• Inspira al aprendizaje
• Consume energía	• Genera energía
• Resultados limitados	• Realza los resultados
• Está orientada al "tú"	• Está orientada al "nosotros"

4. Desarrolla tu creatividad

Ser creativas es arriesgarse a ser aventureras, audaces y proveer alternativas para la solución de situaciones difíciles. Para ser creativas debemos agudizar nuestra imaginación e ir más allá de la realidad y desarrollar nuestra productividad talentosa. Ser creativas es aceptar que, a veces, de las ideas más absurdas se desarrollan los mejores productos y servicios.

En 1968 el Dr. Spencer Silver, un científico de la compañía 3M, por error, creó una goma de pegar "fallida" que no pegaba apropiadamente un papel a otro. En vez de tirar la fórmula a la basura, comenzó a pensar cómo usarla creativamente. En 1974, a su colega y amigo Art Fry se le ocurrió que la goma de pegar era buena para mantener en posición pedacitos de papel que él usaba para marcar en el himnario de su iglesia los himnos que cantaría el coro. Así nacieron los "Post-it"® —uno de los productos más famosos y exitosos de la compañía 3M con ventas que han llegado a los ¡mil millones de dólares anuales![5]

Dewit Jone, reconocido fotógrafo de la National Geographic define la creatividad como la habilidad de observar lo ordinario y ver lo

4.   Wright, Kurt. (1998) *Breaking the Rule: Removing the Obstacles to Effortless High Performance.* CPM Publishing. Idaho.
5.   http://archives.secretsofthecity.com/magazine/reporting/features/twenty-five-years-post-it-notes-0.

extraordinario[6] y Dewit Jone expresa: "Cuando tú vienes al mundo con un sentido de abundancia en lugar de escasez, te sientes más y más cómoda al cambiar los problemas en oportunidades, al hallar nuevos ángulos y llegando a los mismos elementos desde una dirección completamente distinta".

Richard Florida, profesor universitario de la Universidad de George Mason, fue el primero en acuñar el concepto de la "clase creativa", refiriéndose a la clase trabajadora que con su buena actitud, desarrolla sus talentos para producir innovación.

En estos tiempos de crisis es importante generar ideas creativas que nos permitan ser efectivas y buscar alternativas económicas para seguir adelante. Puede que no existan muchos empleos disponibles, pero sí hay mucho trabajo que se puede realizar.

La creatividad es el proceso de presentar un problema en la mente con claridad (ya sea imaginándolo, visualizándolo, suponiéndolo, meditando, contemplando, etc.) y luego originar o inventar una idea, concepto, noción o esquema según líneas nuevas o no convencionales. Supone estudio y reflexión más que acción. Nos encontramos en la era del conocimiento en donde lo más importante es generar nuevas ideas.

Las ciudades más prósperas del mundo son también las de mayor creatividad. Así que, no te limites a ti misma y desarrolla tu creatividad. Dios es un Dios creador y nos ha dado a ti y a mí la capacidad de ser mujeres creativas.

5. Establece metas

Tener éxito depende en gran manera de establecer metas y luchar por ellas. El famoso rey David tenía como meta la construcción de un templo magnífico para Dios y realizó todos los planes y los preparativos necesarios para que su hijo llevara a cabo el proyecto. El templo de Salomón fue un proyecto que duró dos generaciones en concretarse.

La clave es fijarse metas que sean específicas, medibles, alcanzables, realistas, y que se puedan concretar en un tiempo determinado (Dicho concepto proviene de la sigla S.M.A.R.T. en inglés y la traducción de la palabra que forma *"smart"* es inteligente).

Las metas nos dan:

---

6. Jone, Dewit. Every Day Creativity: Preview Guide.

- Dirección
- Significado
- Motivación
- Energía
- Satisfacción
- La oportunidad para aprender y avanzar en la vida

Dwight D. Eisenhower, ex presidente de los Estados Unidos dijo una vez: "Un plan no es nada, pero la planificación lo es todo". ¿Qué significa esto? Que la única forma para alcanzar cualquier objetivo es trabajar disciplinadamente hasta conseguirlo.[7] Para eso realizarás un ejercicio al final del capítulo.

La rueda de la vida[8]

La rueda de la vida es una gráfica que se usa para representar cómo se valora la situación de una persona en diferentes áreas de la vida. Para cada área hay una valoración del 0 al 10, que depende de la situación actual de la persona. Al completar la evaluación se obtiene una puntuación que después se avalúa para analizar cómo llegar a la situación óptima. En la siguiente rueda están identificadas las ocho áreas de la vida que toda persona debe ordenar y equilibrar para poder mantener una vida productiva y eficaz. Estas ocho áreas son: Desarrollo personal; Espiritualidad; Entretenimiento y diversión; Intimidad y vida social; Salud y vejez; Finanzas personales; Vocación y profesión; Familia y paternidad.

Te invito a que realices tu autoevaluación. Te asignarás, en cada una de las categorías, un valor del 1 al 10 donde 1 es el valor más bajo y 10 el más alto. Luego, haz un círculo para cada puntuación y une dichos círculos con una línea. Esto te permitirá ver en cuál de las categorías está más rezagada y, por lo tanto, necesitas que le dediques más atención para prosperar equilibradamente. Esta rueda muestra que uno no puede avanzar en su vida a un ritmo de continuo crecimiento si está desequilibrada en alguna de las áreas. Una vez que identifiques en qué áreas de tu vida debes enfocarte y trabajar, desarrolla un plan de acción para el

7. El Remesero (2009) Cómo fijar y cumplir tus metas financieras: consejos para que lo logres. http://elremesero.com/noticias/news/1112.html.
8. Institute For Empowerment Coaching (2003). 151 Rte. 33 Suite 240, Manalapan, New Jersey, Estados Unidos. Manual de Entrenamiento: Módulo I.

mejoramiento. Te recomiendo que busques a una persona que te pueda ayudar a pensar cómo crecer equilibradamente en tu vida. Puede ser cualquier líder de la iglesia a la que asistes, consejero o mentor profesional.

Para concluir: Cuando propones metas tanto en tu vida personal como en tu vida empresarial debes hacerlo de una manera que te ayude a cumplirlas y no a frustrarte. Para eso, te invito a que apliques este modelo a tu propio mundo.

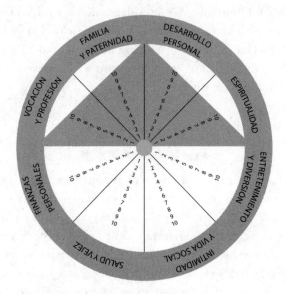

Veamos a continuación cada una de esas características que corresponden a las letras que componen la sigla SMART.

S Específica: Mientras más específica sea la meta mayor es la probabilidad de poderlas lograr. Describe tu meta claramente contestando las siguientes preguntas: ¿Qué quieres lograr? ¿Dónde? ¿Cuándo y cómo va a cambiar la situación?

Ejemplo:

Declaración general de la meta: Quiero mejorar las finanzas de mi hogar.

Declaración específica de la meta: Quiero ahorrar para poder invertir en un nuevo negocio que será una nueva fuente de ingresos para nuestra familia.

M **Medible:** Cuando te establezcas una meta siempre debe tener una forma de medir si la estás logrando o no. Uno no puede mejorar algo que no sea medible. A las latinoamericanas no nos gusta medir. Pero si no medimos, no sabemos dónde estamos paradas. Cuando nuestros niños están con gripe, lo primero que hacemos es buscar un termómetro y medirles la temperatura. Una vez que medimos, sabemos qué debemos hacer. Lo mismo ocurre con tus metas. Debes tener metas que puedas medir.

Ejemplo:
Declaración general de la meta: Voy a comenzar a ahorrar dinero.

Declaración medible de la meta: En los próximos seis meses, ahorraré el 10% de mi ingreso neto disponible para poder acumular unos 2.000 dólares que usaré para comenzar mi negocio.

A **Alcanzable:** Asegúrate que la meta está dentro de un marco razonable —que sea alcanzable.

Ejemplo:
Declaración de una meta inalcanzable: A pesar de ganar $500 por mes, voy a ahorrar $5.000 en los próximos 6 meses.
Declaración de una meta alcanzable: Como gano $2.000 por mes, voy a ahorrar $2.000 durante seis meses apartando $12 cada día.

R **Realista:** ¿Es esta meta una meta realista para ti? Sé consciente con respecto a tus limitaciones y capacidades. Proponte metas que puedas alcanzar de manera razonable. No te pongas metas irreales —sólo te traerán frustración.

Ejemplo:
Declaración general de la meta: Si manejo bien mi dinero el próximo año no tendré deudas, y podré contar con un fondo de emergencia correspondiente a seis meses de gastos.
Declaración realista de la meta: Si manejo bien mi dinero el próximo año tendré un fondo de emergencias de, por los

menos dos meses de gastos y habré pagado dos de mis cuatro tarjetas de crédito.

T **Tiempo:** Necesitas enmarcar tus metas en el tiempo. Muchas mujeres quieren encontrar un trabajo fuera de su casa o quieren comenzar un nuevo negocio. Sin embargo, si no se coloca una fecha para hacerlo, el tiempo pasará y la meta no se hará una realidad. El tener una marca en el tiempo te empujará a la realización de esa meta.

Ejemplo:

Declaración general de la meta: Voy a ahorrar más.

Declaración determinada en el tiempo: Comenzaré el mes que viene y voy a ahorrar mensualmente el 10% de mi ingreso neto disponible y para el 31 de diciembre voy a tener $3.000 en mi cuenta de ahorro en el banco.

PREGUNTAS Y PRÁCTICA DEL CAPÍTULO 5

1. Completa el siguiente cuadrante y podrás identificar y evaluar tus fortalezas, debilidades, oportunidades y amenazas. ¿Crees que te conoces bien?

Fortalezas   Debilidades

Oportunidades   Amenazas

2. ¿Cuál es tu pasión laboral?

3. ¿Qué diferencia hay entre la retroalimentación y la crítica?

4. ¿Cómo puedes desarrollar tu creatividad en el entorno donde te desempeñas?

Pautas para establecer tus metas[9]

Aquí hay algunos de los tipos de metas que una persona joven puede estar interesada en establecer en diferentes áreas de la vida. Te propongo que los completes con tus propias metas.

9. http://www.mentoring.org/downloads/mentoring_802.doc. Cortesía de MENTOR/Sociedad Nacional de Mentoría.

Arte/Música/Creatividad: ¿Cuáles metas quiero alcanzar para el desarrollo de estas áreas en mi vida?

_____

_____

Educación: ¿A dónde deseo llegar de acá a... años con respecto a mi educación? (Especificar cantidad de tiempo.)

_____

_____

Relaciones: De acá a tres años ¿cómo deseo que sean mis relaciones? ¿Deseo tener más amigos? ¿Pasar más tiempo con la familia? ¿Una relación mejor con mi padre o madre? ¿Estar casada? ¿Seguir soltera?

_____

_____

Espiritual: ¿Qué tipo de crecimiento espiritual o compromiso veo para mí misma en los próximos años?

_____

_____

Deportes/Condición física/Salud: Si soy exitosa, ¿cómo me gustaría que fuera mi salud o condición física dentro de varios años?

_____

_____

Trabajo: ¿En qué dirección deseo avanzar en mi futura carrera profesional?

_____

_____

Ahora te invito a que hagas una lista de los sueños que tengas en tu corazón. Escríbelos en siguientes cuatro grupos:

Mis sueños:

Personales: ¿Qué sueño con respecto a mi persona?

_____

_____

Profesionales: ¿Qué sueño con respecto a mi trabajo/negocio?

_____

_____

Familiares: ¿Qué me gustaría ver en mi familia?

_____

_____

Espirituales: ¿Cómo debería ser mi relación con Dios?

_____

_____

Identificar las metas, los sueños y los anhelos te dará un panorama más claro de lo que quieres lograr en la vida. Una vez que hayas establecido tus metas evalúalas según la rueda de la vida.

NOTA: Recuerda que debes continuar con la tarea del punto 3 que comenzaste en el capítulo 4 (Declaraciones bíblicas para pensar durante 40 días). Ver página 81.

CAPÍTULO 6

APRENDIÓ A INCURSIONAR EN EL MUNDO DE LOS NEGOCIOS

Lic. Nilda Pérez

Las mujeres en Latinoamérica debemos romper con la idea de que el mundo de los negocios es sólo para los hombres. El machismo ha calado hondo en nuestros países latinoamericanos y necesitamos cambiar la forma en la que los hombres y las mujeres nos relacionamos en la vida empresarial para poder liberarnos de la esclavitud financiera. Los hombres y las mujeres debemos trabajar juntos, hombro a hombro, para construir juntos un futuro mejor para nuestras familias y para nuestro país. Debemos abandonar el sistema de creencias que nos ha impuesto la cultura en la que hemos crecido y cambiarlas por nuevas creencias que provienen directamente de la Palabra de Dios. Somos lo que pensamos y pensamos lo que nos creemos. A continuación te presento un cuadro que se ha elaborado. Podrás ver que para incursionar en el mundo de los negocios también debes conocerte y evaluar las cosas que hay que cambiar.

Autoconocimiento y evaluación

Nancy Leigh DeMoss, en su libro,[1] habla sobre las mentiras que las mujeres se creen y la verdad que las hace libres. Aquí comparto contigo algunas de esas creencias acompañadas por comentarios del Dr. Andrés Panasiuk.[2]

Las mentiras que las mujeres se creen...

Las mentiras...	La verdad que te hace libre...
No soy valiosa.	Dios creó al universo y vio que todo era bueno. Luego creó al hombre y, finalmente, cerró su proceso de creación con su máxima obra de arte: la mujer. Tu valor no depende de lo que otros piensen de ti. Depende de lo que Dios piense de ti. Has sido creada a la imagen de Dios, eres lo más cercano a Dios que hay en el universo (Génesis 1:26–27).
Necesito aprender a amarme a mí misma.	Todos ya nos amamos a nosotros mismos. Si tu *meta* es aprender a amarte a ti misma, te volverás egoísta y centrada en tu propia vida. Lo que necesitas es aprender a *negarte* a ti misma (Mateo 16:24) y a abrazar el amor incondicional de Dios para contigo. El problema no es que tenemos una "autoestima deficiente", sino que tenemos una "imagen deficiente de Dios". Él te ama incondicionalmente y nada más importa en el mundo. *"¿Quién podrá separarnos del amor de Jesucristo? Nada ni nadie. Ni los problemas, ni los sufrimientos, ni las dificultades. Tampoco podrán hacerlo el hambre ni el frío, ni los peligros ni la muerte"* Romanos 8:35 (BLS).[2]
No puedo cambiar mi manera de ser.	Por supuesto que puedes cambiar... ¡lo que quieras! Gálatas 2:20 dice que cuando Jesús entra a vivir en nosotros, nosotros morimos y Él comienza a vivir a través nuestro. Dejamos de ser como nuestra familia o como lo éramos en el pasado y nos transformamos completamente (Romanos 12:1, 2). Tomamos el carácter y el comportamiento de Jesucristo.

1.   DeMoss, Nancy Leigh. *Mentiras que las mujeres creen y la verdad que las hace libres.* Kregel Publications, Grand Rapids, MI, 2004.,
2.   Biblia en Lenguaje Sencillo. Sociedades Bíblicas Unidas, año 2000.

No tengo tiempo para cumplir con todas mis obligaciones.	En Juan 17:4 Jesús le dijo al Padre: "*He acabado la obra que me diste que hiciese*" (RV60). En sólo 3 años de ministerio Jesús acabó la obra exitosamente. ¿La razón? El enfoque. El Señor terminó la obra que Dios quería que hiciese, no la que los discípulos o el pueblo de Israel quería que hiciese. Tú tienes todo el tiempo del mundo para terminar la obra que Dios quiere que hagas, pero si tratas de satisfacer y agradar a los demás, nunca te alcanzará el tiempo. ¡Enfócate!
Una carrera fuera del hogar es más valiosa y satisfactoria que ser esposa y madre.	Lee Génesis 2:18 y 1 Timoteo 5:9–10. No hay llamado más precioso que el llamado a ser el instrumento de Dios para dar vida a nuestros hijos y cuidar de nuestra familia. No hay nada malo en ir a trabajar fuera de la casa, ni tampoco es menos honroso trabajar en casa.
Necesito casarme para ser feliz.	Lee 1 Corintios 7:32–40. La felicidad es un estado del alma y no depende de las cosas que tienes... entre ellas, un marido.
No puedo controlar mis emociones.	Filipenses 4:19 dice: "*Mi Dios, pues, suplirá todo lo que os falta*". Juan 14:27 (RV60) y agrega: "*No se turbe vuestro corazón ni tenga miedo*". Filipenses 4:16 afirma: "*Por nada estéis afanosos*" (RV60). Isaías 26:3 declara: "*Tu guardarás en completa paz a aquel cuyo pensamiento en ti persevera; porque en ti ha confiado*" (RV60) y 2 Corintios 10:5 continúa diciendo: "*llevando cautivo todo pensamiento a la obediencia a Cristo*" (RV60). Cada vez que sientas que tus emociones te traicionan, busca fortaleza en la Palabra de Dios. Lleva tus pensamientos "cautivos" a la Palabra de Dios.
Si mis circunstancias fueran diferentes yo sería diferente.	Tu identidad está en Cristo. No importa las circunstancias en las que te encuentres. Las cosas viejas, pasaron. ¡Ahora todas son hechas nuevas! Dios puede cambiar tus circunstancias.
Es injusto sufrir.	El sufrimiento en la vida del cristiano tiene una razón de ser: Hacerte más fuerte. Dios perfeccionó a Jesucristo a través de las aflicciones (Hebreos 5:8) y te quiere perfeccionar a ti a través de un "gimnasio de la vida" que te permitirá ser más perseverante y perfecta. Lee Santiago 1:3–4 y 1 Pedro 5:10.
Ya no aguanto más.	Cada vez que te venga este pensamiento, repítete a ti misma las palabras de 2 Corintios 12:9: "*Bástate mi gracia*". Lo que necesitas no es más fuerza, más paciencia, más inteligencia o más trabajo. Lo que necesitas es más gracia de Dios. Un día de Su gracia vale más que mil días de trabajo.

Muchas veces creemos cosas que no son verdad, pero que nos han dicho desde pequeñas: "Tú eres una buena para nada". "Nunca haces las cosas bien". Sin embargo, la poderosa Palabra de Dios te dice: *"De modo que si alguno está en Cristo, nueva criatura es; las cosas viejas pasaron; he aquí todas son hechas nuevas"* 2 Corintios 5:17 (RV60) No importa quién hayas sido en tu pasado. Dios te ha hecho una nueva persona. Rechaza todas las tonterías que te han dicho cuando niña y di junto con el apóstol San Pablo: ¡Todo lo puedo en Cristo que me fortalece![3]

Tener fe cuando vemos nuestra situación económica estancada o declinante es todo un desafío. Pero la fe puesta en nuestro Dios todopoderoso puede mover la montaña de la duda y de los miedos. Cambia tu manera de pensar para que cambie tu manera de vivir. Tener fe significa aprender a descansar en el poder de Jesucristo, y no en tus propias fuerzas. No andes afanada, mejor hazle saber a tu Padre Celestial todas tus necesidades y espera de Él lo imposible.

Me gustaría compartirte la historia de la empresaria Conny de Morales, una próspera mujer guatemalteca que entró al mundo de los negocios después de haberse pasado 26 años trabajando como ama de casa. Conny aprendió a cambiar su forma de pensar y se ha dejado utilizar poderosamente por Dios.

"Mi esposo, un hombre de negocios muy visionario y trabajador, siempre añoró tener una esposa en su casa para atender y educar a sus hijos. Pero la vida muchas veces nos depara sorpresas, e inesperadamente, a los 59 años mi esposo fallece de un infarto fulminante. A los tres meses de su partida, tuve el valor de ir al cementerio, me sentía sola, vacía, desamparada, aunque estaba rodeada de muchas personas, la soledad y la inseguridad me atormentaban. No entendía por qué me había sucedido esa situación, era la menor de mis hermanas y con tres hijos. En ese momento clamé a Dios en su desesperación. Abrí mi Biblia y guiada por el Espíritu Santo mis ojos se posaron en las palabras de Isaías que expresan: *"No temas pues no serás confundida [...] porque tu marido es tu Hacedor, Jehová de los Ejércitos es su nombre; y tu Redentor [...] porque como mujer abandonada*

3. Carta del Apóstol San Pablo a los Filipenses, capítulo 4, verso 13. Desde una prisión romana, año 62 d.C. Biblia RV60.

y triste de espíritu te llamó Jehová. Por un breve momento te abandoné pero te recogeré con grandes misericordias [...] y todos tus hijos serán enseñados por Jehová y se multiplicará la paz de tus hijos" (54:4–7, 13, RV60).

Esas palabras de Dios me dieron ánimo para enfrentarme a la vida y las circunstancias que Él me permitiría vivir y darme cuenta que no estaba sola. Me daba un propósito de vida, tanto para mí como para sus hijos, y luego en Isaías 54:2 el Señor me seguía diciendo: *"Ensancha el sitio de tu tienda, y las cortinas de tu habitación [...] no seas escasa; alarga tus cuerdas, y refuerza tus estacas"* (RV60).

Ciertamente me enfrenté a situaciones muy difíciles que no se habían dado mientras mi esposo vivía. Pasé de ser un ama de casa a dirigir en parte el legado de mi marido. De la noche a la mañana me convertí en padre, madre y ejecutiva de nuestra empresa apoyada por mis hijos. Dios me respaldó en todo momento, aflorando en mí, dones y capacidades que no había descubierto para ponerlos en acción. Me ha cubierto de un manto de sabiduría y autoridad delegada por gracia para poder enfrentarme al mundo desconocido de los negocios.

Animo a toda mujer que por cualquier circunstancia de la vida esté enfrentando soledad, por viudez, divorcio, abandono y madres solteras, porque... ¡amigas y hermanas, no estamos solas! Dios ha prometido ser nuestro esposo, ayudador, consejero y abogado defensor.

Si nuestra vida depende de Él, seremos más que vencedoras, porque para eso hemos sido creadas, estamos en el mismo corazón de Dios. Busquemos su rostro, su voluntad, su sabiduría y su inteligencia para ser mujeres de victoria aún en medio de cualquier circunstancia".

Al igual que Conny, tú también puedes enfrentar el reto de convertirte en una mujer exitosa de negocios. Permíteme compartir contigo algunas recomendaciones de cómo incursionar en el mundo de los negocios:

1. Busca con honestidad, la voluntad de Dios para tu vida.
2. Trázate expectativas desafiantes, pero realistas y alcanzables.

3. Aprovecha las oportunidades que se te presentan.

4. Domina el arte de mejorarte continuamente

Pautas fundamentales para incursionar en los negocios

La importancia de descubrir y desarrollar el propósito que Dios tiene para con nosotras nos ayudará a sentirnos seguras, útiles y animadas, a servir para marcar una diferencia en la vida de los demás. Cuando hay propósito, la vida tiene significado. Por otro lado, al establecer objetivos para tu vida empresarial y persistir en lograrlos con excelencia; enfrentarás sin muchos problemas y las frustraciones; y encontrarás soluciones creativas para cada uno de ellos. Siempre experimentaremos éxitos y fracasos. El secreto está en perseverar, ser constantes y procurar lograr tus metas. Si quieres cumplir el propósito que Dios tiene para tu vida económica deberás:

1. Trabajar duro: Las verdaderas triunfadoras son aquellas que en un momento determinado han estado dispuestas a hacer cosas que la mayoría no están dispuestas a hacer. Son las que siempre están dispuestas a recorrer ese kilómetro extra que casi siempre es necesario para triunfar. Únete a este grupo de mujeres.

2. Desenvolverte con excelencia: Comienza a buscar formas de dar continuamente más de lo que se espera de ti. Exígete realizar más de lo que hace el promedio de la gente. Dios quiere que trabajes con excelencia.

3. Ser paciente y perseverante: Elimina las excusas y afirma con determinación porque "si Dios está conmigo, nadie podrá contra mí".

4. Arriesgarte: Las mujeres tendemos siempre a buscar soluciones rápidas y fáciles aunque generalmente no sean las mejores opciones a tomar. La televisión y la publicidad promueven ese mundo donde todo es "light" porque cuesta poco esfuerzo y nos ubica en lo que se llama nuestra "zona de comodidad" donde nos sentimos cómodas, donde todo ya lo conocemos y dominamos, y donde no hay desafíos. Sin embargo, es importante darnos cuenta de que cualquier meta y objetivo que realmente valga la pena, va a estar fuera de esa zona de comodidad.

5. Sacrificarte: Significa renunciar a una cosa para conseguir otra. Es muy cierto que nada se consigue sin esfuerzo ni dedicación; sin embargo cuando estás en el mundo de los negocios se requiere de un esfuerzo mayor para conseguir lo que se anhela. Habrá que evaluar sabiamente entonces qué cosas son prioritarias y definir a cuáles debes "renunciar".

6. **Tolerar la frustración:** Entender que en algunos momentos (más de los que te imaginas) las cosas no saldrán como deseas que salgan. Esto no debe desmoronarte. Necesitas desarrollar esa tolerancia para enfrentarte con éxito a la vida, y así evitar el enojo o la depresión que causan los infortunios.

El autoconocimiento y el desarrollo del carácter es el centro de nuestro desarrollo personal, no sólo como líderes, sino también como mujeres de prosperidad espiritual.

Un estudio de la Universidad de Harvard, en los Estados Unidos, indica que el 85% del desempeño de los líderes depende del carácter personal. Es por eso que debemos trabajar nuestro ser. En el mundo de los negocios, el ser es más importante que el hacer.

Dios nos hizo a las mujeres con características especiales. Por ejemplo, nos ha dotado con la habilidad de realizar múltiples tareas a la vez. La mujer virtuosa que define el libro de Proverbios no sólo se ocupa de su casa, su esposo y sus hijos, sino que también tiene otros intereses y ocupaciones. Ella es administradora, una mujer de negocios, sabia para tomar decisiones, prudente y gana bien. La mujer que prospera ejerce la mayordomía, planifica y organiza bien su trabajo. Asume grandes responsabilidades y puede confiar en que sabrá enfrentar de forma excelente cualquier situación porque su confianza está puesta en el Señor y no en sus habilidades.

El Dr. Dick Wynn —ex presidente de *Youth for Christ*— suele decir: "Dios puede usar cualquier cosa que nosotros pongamos a su disposición. Él no mira nuestra habilidad sino mira nuestra disponibilidad". Cuando un niño le dio al Señor unos pocos panes y otros pocos peces, Él alimentó a miles de personas. Los discípulos menospreciaron lo que el niño había traído, pero Dios lo apreció en gran manera y lo usó para su gloria.

Piensa: ¿Qué puedes poner en las manos del Señor? ¿Sabes coser? ¿Sabes cocinar? ¿Coleccionas estampillas? ¿Te gustan las flores?...

Hablando de flores... Me gustaría compartir contigo la historia verídica de Celene Peña, una preciosa mujer de Dios, quien ha desarrollado un negocio muy próspero en la industria de la floristería en los Estados Unidos.

Celene es madre de dos niñas y un niño. Una de sus hijas tiene problema de retraso mental. Celene tenía en su corazón el deseo de ayudar a su esposo con las finanzas de la familia. La situación económica no andaba muy bien. Una tarde escuchando un programa de radio y desesperada por su situación económica decide llamar al programa en busca de información. En el programa le proveyeron los teléfonos de Cultura Financiera, en Atlanta. Ella diligentemente llamó a las oficinas del ministerio, en donde la atendieron, le enviaron unos materiales para comenzar a realizar su presupuesto y oraron por ella. En las oficinas le mencionaron que el Dr. Andrés Panasiuk estaría ofreciendo en las próximas semanas un taller sobre cómo manejar exitosamente las finanzas desde una perspectiva bíblica en la ciudad de Houston.

Celene decidió asistir a esta conferencia con un corazón abierto. Ella estaba dispuesta a recibir y obedecer lo que se dijera en la conferencia porque tenía la certeza de que ese mensaje vendría de parte de Dios. Creyó en las enseñanzas y las hizo parte de su vida.

Comenzar el camino hacia la sanidad financiera no fue fácil, fue un proceso. Sin embargo, estuvo dispuesta a dar el primer paso: Colocar una "caja de zapatos" en su cocina y acumular en ella todos los recibos del mes, tal como se le había instruido. Este fue su primer paso para poder adiestrarse y disciplinarse a ella misma poco a poco en el área de las finanzas.

También escuchó al Dr. Panasiuk diciendo que Dios puede usar cualquier cosa que nosotros le entreguemos, inclusive un pasatiempo, o algo que nos guste hacer. Celene pensó en ese momento que a ella le gustaban las flores y que, quizás, Dios podría usar esa pasión para comenzar un negocio.

A pesar de no tener mucho capital —sólo 200 dólares— Celene comenzó su negocio de floristería. Al tiempo, Dios la bendijo con un contrato en Washington D.C. para realizar 800 arreglos florales en la convención Nacional de LULAC.[4] Y no muchos años más tarde Dios nuevamente abrió puertas que jamás hubiera soñado, cuando recibió

---

4.   Por sus siglas en inglés de la Liga de Ciudadanos Latinoamericanos Unidos cuya misión es la de mejorar la situación económica, los logros educativos, la influencia política, vivienda, la salud y los derechos civiles de la población hispana de los Estados Unidos.

un contrato para preparar los arreglos florares del *"Super Bowl"* de la
Liga de Fútbol Americano Nacional (NFL) en el 2003.[5]
Junto con esta oportunidad, se le presentó también un gran reto:
¿Cómo hacer llegar los arreglos florales sin que se le estropearan y mar-
chitaran? Deseosa de trabajar con excelencia, Celene le pidió a Dios que
la ayudara... y una noche, a las 3:00 de la mañana, Dios la despertó con
una idea en la mente. Ella sin dejar pasar la oportunidad, escribió esta
idea en un papel, la desarrollo y luego la patentó.

Así fue como inventó un mecanismo para cargar grandes cantidades
de flores sin que se maltraten. Este invento ha sido considerado como
una de las mejores invenciones en la industria de la floristería.

En el año 2003, su negocio fue nominado por la cadena televisiva
Univisión y la Cámara de Comercio hispana en Houston (Texas) como
"El Negocio Emergente del Año". En el 2004 la compañía Microsoft
la escogió como ejemplo de PyMEs en los Estados Unidos (Pequeñas
y Medianas Empresas). Por este reconocimiento le regalaron equipos
de computadoras, le ofrecieron adiestramiento gratuito y colocaron su
historia en la página de Internet de Microsoft.

El éxito experimentado por Celene se debió a que ella puso en las
manos de Dios lo que tenía: Un amor profundo por las flores. Dios tomó
eso, más su fidelidad a los principios financieros de la Biblia y ¡abrió
puertas y oportunidades donde antes no existían!

¡Dios lo hizo con Celene y lo puede hacer contigo también!

5. El "Super Bowl" es similar al juego final del campeonato nacional de fútbol en nuestros países.

PREGUNTAS Y PRÁCTICA DEL CAPÍTULO 6

A) Descubre la manera en la que piensas con respecto a la vida. Responde:[6]

1. ¿Qué es lo primero que viene a tu mente cuando piensas sobre un negocio?

_____

_____

2. ¿Cuáles son tus sentimientos sobre el dinero?

_____

_____

3. ¿Cuál es el temor más grande que tienes cuando piensas en desarrollar tu propio negocio?

_____

_____

4. ¿Cuál realmente crees que es el propósito del dinero?

_____

_____

5. ¿Cómo mides el éxito?

_____

_____

6. ¿Cuán dependiente de otra persona eres con relación al dinero? Si eres dependiente, ¿cómo te sientes?

_____

_____

6.   Institute For Empowerment Coaching (2003). 151 Rte. 33 Suite 240, Manalapan. Manual de Entrenamiento: Módulo I.

Analiza bien las respuestas que escribiste para conocer cuál es tu sistema de creencias y los paradigmas que rigen tu conducta. Si quieres prosperar y desarrollarte debes aprender a identificar y rechazar tus "creencias limitantes" y reemplázalas por principios bíblicos que reflejen una clara imagen de ti misma. Esta es la clave para desarrollar tu potencial.

B) Luego de haber contestado estas preguntas analízate a ti misma e identifica las formas en que te autolimitas. Para esto completa los siguientes espacios en blanco.

Formas en que me autolimito (mentiras que me he creído):

1. _____

2. _____

3. _____

"Aprendemos a volar solamente en proporción directa a nuestra determinación de elevarnos más allá de la duda y de trascender nuestras limitaciones" David McNally.[7]

C) A continuación tienes un ejercicio que te ayudará a superar las barreras para establecer un compromiso serio con tu futuro de éxito. Contesta con sinceridad las siguientes preguntas:

1. ¿Cuáles son las barreras que pueden impedirme establecer un compromiso pleno para realizar las metas que tengo?

_____

_____

_____

7. http://www.davidmcnally.com/aguilas_chapter1.pdf.

2. ¿Qué pasos puedo tomar para superar estas barreras?

_____

_____

3. Específicamente ¿a que me comprometo (en tiempo, dinero, otros recursos) para hacer de esta meta una realidad?

_____

_____

Estas preguntas te guiarán y ayudarán a desarrollar el carácter que Dios quiere que tengas. A través del consejo de la madre del rey Lemuel Dios nos muestra que la mujer que prospera es una mujer de carácter firme, gran sabiduría, muchas habilidades y gran compasión. La mujer que prospera es una mujer que participa de actividades productivas, aporta al bienestar de su familia y sobre todo cumple con la voluntad de Dios en su vida.

NOTA: Recuerda que debes continuar con la tarea del punto 3 que comenzaste en el capítulo 4 (Declaraciones bíblicas para pensar durante 40 días). Ver página 81.

CAPÍTULO 7

APRENDIÓ A AHORRAR, ES INVERSIONISTA Y MUCHO MÁS

Lic. Nilda Pérez

Una verdadera ahorrista

Una mujer que prospera es una mujer que siempre está lista para las cosas inesperadas que le trae la vida. Muchas veces, los problemas económicos no se originaron porque se gastó demás, sino porque sobrevino "algo inesperado" que demandó una erogación extra. Por eso volvemos a recalcar que "lo inesperado no sería tan inesperado ¡si se lo estuviera esperando!" y, en el área económica, la única manera de esperar lo inesperado es ahorrando. Debemos ser mujeres precavidas y tener un fondo de emergencia para cualquier eventualidad inesperada que pueda surgir en nuestro hogar. Los gastos inesperados no sólo causan decepciones amargas, sino que también pueden causar un alto nivel de dolor y frustración si la gente no tiene esos fondos para cubrir dichos gastos.[1] La mujer que prospera no sólo pone su dinero a trabajar sino que también lo ahorra con regularidad.

1. Panasiuk, Andrés: *Más de 100 artículos sobre sus finanzas.* Nashville, TN : Grupo Nelson, 2008.

La parábola de la hormiga en Proverbios 6:6–8 dice: *"Ve a la hormiga, oh perezoso, mira sus caminos, y sé sabio; la cual no teniendo capitán, ni gobernador, ni señor, prepara en el verano su comida, y recoge en el tiempo de la siega su mantenimiento".* Ahorrar es ver la necesidad futura y guardar lo que sea necesario para satisfacer esa necesidad, para no tener que pedir prestado. Ahorrar es ser previsor, no proveedor. Dios es nuestro Proveedor. Nuestra tarea no es la de ahorrar para proveer a nuestra familia (eso le corresponde a Dios). Nuestra tarea, como los fieles administradores de 1 Corintios 4:2, es la de ahorrar para prever situaciones inesperadas en el futuro.

Ahorrar no significa amontonar (ni acumular). La diferencia está en la actitud que la persona tiene con respecto al dinero guardado, no la cantidad de dinero que ahorra. Todo el mundo puede ahorrar. Ganes mucho o ganes poco.

Aquí hay algunos ejemplos de gente común y corriente que ahorró grandes sumas de dinero:[2]

El Rev. Vertrue Sharp plantaba heno, cuidaba ganado, predicaba y enseñaba. Mientras tanto, ahorraba cada centavo que ganó. Cuando murió, en 1999, dejó una herencia de dos millones de dólares para el Hospital de Niños de East Tennessee, la Universidad de Tennessee Medical Center, y otras organizaciones de caridad. Un ministro rico en dinero y en carácter también.

Roberta Langtry era una maestra de escuela que ganaba un sueldo muy modesto en Toronto, Canadá. Sin embargo, ella siempre vivía una vida sencilla e invertía parte de su dinero mes tras mes y año tras año —especialmente en acciones de empresas de tecnología, bancos y compañías de seguros. Cuando falleció, en agosto de 2005, tenía una fortuna acumulada de 3.800.000 dólares —que dejó como regalo a varias obras de beneficencia en su país natal.

Mary Guthrie Essame era una enfermera jubilada que vivía en una antigua casa victoriana, y que se vistió toda su vida con ropa usada y zapatos viejos. Sus vecinos se sorprendieron al enterarse de que su patrimonio ascendía a 10.000.000 de dólares cuando murió en enero de 2002. (El dinero se destinó a un gran número de organizaciones benéficas.)[3]

2. http://www.thedigeratilife.com/blog/index.php/2008/03/10/serious-savers-who-died-very-wealthy/.
3. http://en.wikipedia.org/wiki/Roberta_Langtry.

Para comenzar a ahorrar, puedes poner en práctica una fórmula matemática muy conocida: la "80-10-10". Eso significa que cada mes tú tomarás un 10% de tu ingreso y lo darás a Dios, otro 10% los ahorrarás y vivirás con el 80% restante. La pregunta es: "¿Cuánto debe una ahorrar?" Lo ideal es ahorrar entre dos y seis meses de gastos mensuales (dependiendo del país y la posición que tengas en la empresa). De esta forma estarás preparada ante cualquier eventualidad o emergencia. Recuerda lo que dice Proverbios 21:20: *"En casa del sabio abundan las riquezas y el perfume, pero el necio todo lo despilfarra"* (NVI). Ahorrar es más fácil cuando se tienen metas claras. Así que lo primero que debes hacer es identificar para qué quieres ahorrar. Lo primero que debes hacer es ahorrar para un "fondo de emergencias". Por ejemplo: ese fondo de emergencias puede ser el 50% de los gastos mensuales de la familia. Una vez que lo tienes, debes establecer un fondo operativo para la familia (3 a 6 meses de gastos familiares). Finalmente, puedes establecer ciertas metas de ahorro como, por ejemplo, para comprar una casa, para jubilarte, pagar tus estudios o los de tus hijos, o para unas vacaciones.

Una vez que tienes suficiente dinero en el banco y has llegado a tus metas de ahorro, no necesitas continuar ahorrando. Ahora puedes invertir ese dinero en cosas más importantes, como ayudar a los demás o sostener la obra de Dios en el mundo.

Ideas útiles sobre el ahorro

Dar antes de ahorrar.

Para que nuestro corazón no se torne avaro debemos ser generosas y ofrendar a la misma vez que separamos una partida para el ahorro. El Dr. Efraín Avelar propone que nos hagamos las siguientes preguntas para poder organizarnos mejor financieramente y comenzar a ahorrar:[4]

1. ¿Das diezmos y ofrendas?
2. ¿Tienes un presupuesto?
3. ¿Cuantificas tus gastos?
4. ¿Gastas menos de lo que ganas regularmente?
5. ¿Compras compulsivamente?

4. Avera, Efraín. (2005) Mujer Prospera. http://bethania.com/descargas/texto/mujerprospera.doc.

6. ¿Tienes un fondo de emergencia?
7. ¿Tienes el hábito del ahorro?
8. ¿Eres generosa para dar y sembrar en la obra de Dios?
9. ¿Tienes un plan para tu jubilación?
10. ¿Generas recursos a través de pequeños, medianos o grandes negocios?

También te invito a contestar estas preguntas para poder evaluar cuán bien organizada estás en el área financiera. Larry Burket decía: "*La forma en la que manejamos nuestro dinero, es una expresión externa de una condición espiritual interna*".

1. Ahorra con regularidad: Hay personas que me preguntan si pueden ahorrar aun teniendo deudas. Mi respuesta es un rotundo ¡sí! Es importante ahorrar aunque sea muy poquito a la vez, porque nos enseña a ejercer la disciplina del ahorro. Uno de los grandes problemas que tenemos en Latinoamérica es que no se nos ha enseñado a ahorrar con regularidad. Debemos ser mujeres sabias que inculquemos esta disciplina en nuestros hijos también.
2. Establece un porcentaje fijo para el ahorro: Acostúmbrate a ahorrar por lo menos un 5% de tu ingreso neto disponible. A medida que vayas ajustando tu presupuesto y saliendo de deudas aumenta el porcentaje de ahorro —sin caer en la avaricia y el egoísmo. Aquí hay algunas metas referentes al ahorro:

- Metas de ahorros a corto plazo
  - Para un fondo de emergencia
  - Para compras de electrodomésticos
  - Para unas vacaciones
  - Para darnos un "gustito"

- Ahorros a largo plazo
  - Para un fondo operativo
  - Para la jubilación
  - Para dejarles una herencia a nuestros hijos y nietos
  - Para compras mayores (casa, auto, etc.)

Aquí va un concepto revolucionario: Una vez que tengas claramente marcadas las metas, estas también deberían convertirse en tu propio límite. Si no le pones límites a tu nivel de vida, irás por la vida a los sobresaltos. La Biblia habla claramente en contra de la avaricia. En Lucas 12:16–21 se nos cuenta la siguiente historia:

"*El terreno de un hombre rico le produjo una buena cosecha. Así que se puso a pensar: '¿Qué voy a hacer? No tengo dónde almacenar mi cosecha'. Por fin dijo: 'Ya sé lo que voy a hacer: derribaré mis graneros y construiré otros más grandes, donde pueda almacenar todo mi grano y mis bienes. Y diré: Alma mía, ya tienes bastantes cosas buenas guardadas para muchos años. Descansa, come, bebe y goza de la vida'. Pero Dios le dijo: '¡Necio! Esta misma noche te van a reclamar la vida. ¿Y quién se quedará con lo que has acumulado?' Así le sucede al que acumula riquezas para sí mismo, en vez de ser rico delante de Dios*" (NVI).

El problema con este hombre rico no era la cantidad de dinero que había acumulado como resultado de su trabajo sino en que lo quería todo para él. Por eso debemos reflexionar y preguntarnos, ¿cuánto es suficiente para mí? ¿Con cuántas cosas estoy dispuesta a vivir? ¿Qué hago con el excedente? ¿Dónde paramos de andar corriendo tras las cosas materiales?"

Contesta las preguntas: ¿Cuáles son mis sueños? ¿Cuánto es suficiente para mí?

_____

_____

A continuación comparto contigo las respuestas que he recogido por todo el continente de mujeres latinoamericanas que respondieron cuáles eran sus sueños:

✓ Una casa
✓ Un auto o medio de transporte
✓ Educación para los hijos
✓ Educación propia
✓ Cobertura de seguros

✓ Seguro de salud
✓ Un negocio propio
✓ Ser libre de deudas
✓ Viajes
✓ Vacaciones regulares
✓ Entretenimiento (deporte favorito)

¿Cuál es el nivel máximo al cual apuntas en tu vida económica? ¿Cuánto es suficiente? ¿Una casa, dos autos, alimento, una inversión para la educación futura de tus hijos? En algún momento tenemos que parar, porque si no lo hacemos caeremos en lo que llamamos el síndrome de "un poquito más".

¿Sabes cómo funciona este síndrome? Dicen que cuando le preguntaron a Rockefeller cuánto era suficiente para él (siendo el hombre más rico del mundo), él miró al reportero y le dijo: "Un poquito más". El dinero nunca satisface. Debemos aprender a eliminar el síndrome de un poquito más y escribir nuestros sueños en un pedazo de papel. De esa manera, cuando llegues a esa meta económica podrás decir con agrado: "Hemos llegado. Hemos alcanzado nuestros sueños. Podemos darle gracias a Dios y sentirnos satisfechos".

Entonces, escribe las metas que te has colocado en la vida (la lista que hiciste anteriormente). Haz dos copias de esta lista, una para colocarla junto a tu cama y otra para pegarla en el refrigerador o junto al espejo del baño. Necesitas recordarte con regularidad hacia dónde vas en la vida. Tener metas específicas también funciona como una forma de ponerle límites a la ambición económica para dedicar tus energías y recursos a otras causas. Ese tipo de actitud no solamente nos proveerá una profunda satisfacción en lo material (por haber alcanzado nuestras metas), sino también nos dará una profunda satisfacción emocional y espiritual. Esa es la idea central detrás del concepto de la prosperidad integral.

Una inversionista en bienes raíces (propiedades)

"Evalúa un campo y lo compra;
con sus ganancias planta una viña".
PROVERBIOS 31:16 (LBLA)

Las compras de bienes raíces son una estrategia de inversión a largo plazo. Por lo general, las propiedades tienden a ganar valor con el tiempo. Aunque no siempre sea el caso, como hemos visto con la reciente crisis económica a nivel mundial, en donde las propiedades han bajado de valor dramáticamente. Pero a pesar de esta situación esto no es lo normal, y la expectativa es que muy pronto estas propiedades vuelvan a aumentar su valor. Los bienes raíces a largo plazo representan inversiones seguras, por tal razón le recomendamos que si usted y su familia no han adquirido una propiedad, esté pensando en hacerlo.

En Proverbios 31 versículo 16 vemos un ejemplo de cómo esta mujer utiliza su sabiduría para hacer una inversión de esta naturaleza. Entonces veamos cuáles son los pasos que ella siguió para adquirir esta propiedad. Primero analiza y evalúa lo que va a comprar antes de tomar una decisión. Cuando se va a realizar una inversión mayor, como lo es la compra de una propiedad, se debe aplicar la sabiduría y la prudencia. Por eso debemos analizar y estudiar bien la propiedad a adquirir.

Si estás considerando convertirte en una inversionista te recomendamos que para ampliar más el desarrollo de este tema consigas el libro del Dr. Andrés Panasiuk llamado "Cómo compro inteligentemente", de Editorial Grupo Nelson. Allí encontrarás una explicación simple y concreta de lo que debes considerar antes de hacer la compra de un inmueble.

Acá sintetizamos algunos puntos clave que el Dr. Panasiuk recomienda antes de comprar una propiedad:

1. Hacer un análisis presupuestario
2. Confirmar la capacidad crediticia (buen crédito)
3. Salir a buscar un préstamo
4. Hacer una lista de las cosas negociables y las no negociables
5. Buscar una casa y comprarla

También te proveemos algunos consejos útiles para que puedas tener en mente a la hora de comprar una propiedad.[5]

- A la hora de elegir la propiedad idónea, ten siempre presente cuál será su utilidad final.

---

5. http://www.alhambraproperties.com/es/comprar-propiedad-marbella.html.

- Haz un primer "reconocimiento del terreno", para saber las diferentes alternativas.
- Intenta comprender si se está haciendo una buena inversión de cara a una futura reventa.
- Tómate el tiempo necesario para ver varias opciones y así poder tomar una decisión con la cuál te sentirás satisfecha. Sin embargo, no te agobies intentando ver todo lo que hay en venta. Asegúrate de preparar una buena selección representativa antes de salir a visitar.
- Seguramente será difícil encontrar una propiedad que reúna al 100% todos los elementos que buscas, tendrás entonces que decidir qué aspectos tienen más peso.
- Si bien es necesario tener en cuenta todos estos aspectos, tampoco desvalorices tu primera impresión sobre un lugar, a veces nos enamoramos de sitios que no tienen nada que ver con nuestra idea original o con las ventajas que habíamos estudiado.

Una emprendedora que planta una viña y comienza un negocio

"Evalúa un campo y lo compra; con sus ganancias planta una viña".
PROVERBIOS 31:16 (LBLA)

La mujer que prospera es aquella que se esfuerza y es valiente para emprender el propósito de Dios en su vida. Emprender significa comenzar algo, tener iniciativa y ser proactiva. La mujer emprendedora se caracteriza por tener un espíritu activo y positivo, que la lleva a asumir riesgos y compromisos confiando en las promesas de Dios. Ser emprendedora requiere un crecimiento y desarrollo en nuestro liderazgo y en nuestra relación con Dios, en nuestra autoridad delegada por Él. Ser mujeres esforzadas y valientes con disposición a ganar la buena batalla.

El desarrollo de actividades emprendedoras no es fácil, conlleva ampliar nuestro ingenio y nuestra creatividad. También implica confiar plenamente en Dios, y enfrentar los retos y los desafíos con determinación y valentía. Podemos definir la valentía como una fortaleza interna que nos ayuda a luchar por aquello que entendemos que vale la pena.

Tal vez tengas una gran idea en mente y te preguntes: "¿Por dónde empiezo?" Algo que te puede ayudar a organizarte y a desarrollar tu visión del negocio que quieres realizar es hacer un "plan de negocios". Con este plan podrás evaluar los puntos fuertes y los puntos débiles de tu sueño, y tomar las decisiones más convenientes para llevarlo a cabo.

Elementos esenciales de un plan de negocios

1. Una descripción del negocio que explique:
   a. **Las características del negocio:** Aquí puedes describir el negocio, qué servicios va a ofrecer, dónde será su ubicación. Cuál será la visión, la misión, los objetivos y el propósito del negocio. Luego de investigar las necesidades de tu negocio, es necesario que identifiques el nombre del negocio, la ubicación, las licencias, los permisos y otros requerimientos.
   b. **La estructura de operación:** Contesta las siguientes preguntas: ¿Cómo va a operar el negocio? ¿Qué necesitas en términos de personal y equipos? Muchas veces queremos comenzar un proyecto, pero no tenemos la menor idea de lo que necesitamos para operar. Te recomiendo que investigues y te entrevistes con personas que ya han tenido negocios similares. Ellas te pueden ayudar a entender la operación del mismo.
   c. **Los productos y los servicios que vas a ofrecer:** Realiza una descripción detallada de los servicios y los productos que ofrecerás. Resalta los beneficios que tendrán los clientes al adquirir este servicio y cómo este producto o servicio suplirá sus necesidades.
   d. **La lista de precios:** Para ponerle precio a tus servicios o productos es importante que investigues cómo se paga un producto similar en el mercado. Recuerda que el precio no lo pondrás tú, lo pondrá el cliente. El precio siempre termina estableciéndose sobre la base "la ley de la oferta y la demanda".

2. **Un estudio de mercadeo:** Este estudio puede dar una idea sobre las posibilidades de éxito o no de tu proyecto de negocio y ayudarte a desarrollar las estrategias para vender tu producto y

promocionarlo. Además, te brinda información sobre hábitos de consumo y a quién va dirigido el producto y/o servicio. Aunque puede ser una materia compleja en donde trabajan profesionales expertos, tú puedes efectuar un estudio sencillo realizando una encuesta con preguntas clave que te ayuden a definir claramente las características principales de ese mercado al que quieres llegar. Es imperativo definir su potencial, sus características y formas de compra, sus niveles de consumo y preferencias para arrancar de manera exitosa. Si quieres vender café a oficinistas, te va a ir mejor en el centro de la ciudad, donde hay muchas oficinas, que en los barrios; y, probablemente, vendas más a la mañana que al mediodía. Tendrás que averiguar si a los oficinistas les gusta el café normal o el descafeinado y si les gusta con azúcar ya disuelta en el café o prefieren ponerse el azúcar (o edulcorante) ellos mismos.

3. **Las estrategias de ventas:** Una vez que conozcas tu mercado a través del estudio de mercadeo podrás trazar un plan de ventas. En los mercados globales y competitivos en que vivimos ya no es simplemente vender un producto o servicio a bajo costo, sino vender un bien o servicio de calidad, diferente y accesible al cliente, quien está dispuesto a pagar un costo razonable por obtener ese producto. Hoy en día los clientes están mejor informados y en mejor capacidad para tomar decisiones de compra. Por tal razón el vendedor debe estar mejor preparado y demostrar credibilidad, seguridad y confianza en lo que vende. Cuando hablamos de ventas lo importante es establecer y mantener las relaciones a largo plazo con los clientes. Se ha comprobado que los clientes compran a los vendedores en quienes confían. El cliente tiene expectativas muy altas y espera más conocimiento y preparación de los vendedores. A continuación te presento algunas estrategias de ventas muy prácticas.

   a. Las personas no compran productos o servicios, compran soluciones a sus problemas por lo tanto describe las ventajas únicas de tus productos o servicios.

   b. Resalta todos los éxitos alcanzados por el producto, y apoya dichas afirmaciones con estadísticas y testimonios de los clientes satisfechos.

c. Convence a tus clientes de que tu producto o servicio les permitirá mejorar su situación

d. Invita a tu cliente a decidirse con rapidez si quiere adquirir un producto.

4. **Las proyecciones financieras:** Es importante que puedas realizar una proyección de ventas diarias, mensual y anual. Debes confeccionarlo de la manera más real posible tomando en consideración las entradas por las ventas al consumidor final y los costos de operación. A continuación te presento un ejemplo de elementos a considerar en el presupuesto de un negocio.

Presupuesto		
Categoría		Balance
Ingresos en Ventas		$103.269,50
Gastos Operacionales		
Salarios	$60.667	
Renta local	6.859	
Seguros	720	
Gastos de Auto	5.557	
Materiales y Equipos	2.400	
Equipos de oficinas	1.200	
Fotocopias	1.800	
Electricidad	1.068	
Agua	132	
Teléfonos	596	
Celulares	754	
Internet	170	
Correo	720	
Viajes	960	
Total de gastos operacionales	$83.603	
Ingreso antes de impuestos		$19.666,50
Pago de Impuestos	$7.017,04	
Ingreso Neto		$12.649,46

Una modista de alta costura y decoradora

"Se hace mantos para sí; su ropa es de lino fino y de púrpura" (LBLA).

"Ella se hace tapices; De lino fino y púrpura es su vestido".
PROVERBIOS 31:22 (RV60)

La mujer que prospera se viste finamente. Esto no quiere decir que vista en una boutique y con trajes costosos, sino que viste bien, de forma decorosa, fina y bella. Es una mujer consciente de su influencia, y se viste a la altura de su liderazgo. Ciertamente ella sabe que la belleza exterior es importante, pero lo más importante es la belleza interior que sólo la puede dar Dios.

Este versículo hace alusión a que también es tapicera o sea le gusta decorar su hogar, su negocio y sus pertenencias. Nosotras las mujeres tenemos un don especial de poner las cosas bellas y hermosas.

Yo aprendí que Dios es un Dios de orden, por tal razón nuestro hogar debe ser uno que esté ordenado, limpio y bien decorado. Que sea un lugar acogedor en donde nuestra familia se sienta a gusto y podamos vivir dignamente. Busca darle siempre a tu familia un ambiente agradable, acogedor y prolijo.

Una dueña de microempresa

Hoy en día, los adelantos en la tecnología y el acceso a la Internet hacen posible en muchas ocasiones trabajar desde el propio hogar. La oficina en el hogar es un concepto nuevo que ha adquirido popularidad debido al gran número de personas que trabajan desde el mismo. Tener el negocio en "casa" nos brinda cierta flexibilidad y libertad.

Es una realidad que, cuando trabajamos fuera la mayor parte del tiempo, lo pasamos en el trabajo y con los compañeros de trabajo. Así que tener el negocio en casa significa también estar en el hogar. Tiene la ventaja de que puedes organizar tu tiempo como mejor te convenga. El tiempo se aprovecha al máximo en nuestro negocio y en el hogar se refuerzan los lazos familiares, lo cual es fundamental en nuestra vida, y por ende, para el éxito de todo lo que hacemos.

Los estudios recalcan lo importante que es para la estabilidad familiar y de pareja, compartir la cena, participar en las actividades con los hijos, y disfrutar de una vida familiar y social. Sin embargo, para tener éxito en tu microempresa manejada desde el hogar se requiere de mucha disciplina. La disciplina es el timón de todo proyecto. Respetar las normas, los tiempos y conocer las reglas son hábitos clave para el éxito de todo proyecto empresarial. Una buena líder desarrolla la disciplina que sus colaboradores también respetarán. Si vas a ser dueña de una pequeña empresa y trabajarás desde tu hogar es imperativo destacar la importancia del manejo del tiempo. El tiempo es tu más valiosa posesión, y la manera de aprovecharlo influenciará decisivamente en tu rendimiento. El gran dilema al que muchas de nosotras nos enfrentamos es que tenemos demasiadas cosas que hacer y no nos alcanza el tiempo para completarlas.

Pautas para resolver los problemas en el orden correcto

Uno de los dilemas más grandes concerniente al manejo del tiempo es enfrentarnos a la encrucijada de escoger entre lo importante y lo urgente. Si no sabemos administrar ni organizar bien nuestro tiempo cometeremos el error de responder a las actividades urgentes pero que no necesariamente son importantes.

Las cosas importantes son aquellas que suman y contribuyen a tu proyecto de vida. Estas cosas por lo general se ven realizadas a mediano y largo plazo. Lo urgente, por otro lado, te demanda el ¡ya! Si has tenido una planificación de tu tiempo, esto no será importante y podrás dedicar tu recurso irremplazable a lo que más dividendos te dará.

Clasifica los problemas que habrás de resolver cada día y resuélvelos en este orden:

Urgentes e importantes
Importantes, pero no urgentes
Urgentes, pero no importantes
Ni importantes, ni urgentes

Aquí tienes un gráfico ilustrativo

CRISIS

	SI			
URGENTE	SI	• Crisis • Proyectos con una fecha límite • Problemas y presiones	• Interrupciones • Llamadas inútiles • Asuntos próximos
	NO	• Preparación • Construcción de relaciones • Clarificación de valores • Plan de vida	• Lectura de correo chatarra • Trivialidades • Perder el tiempo

SI   IMPORTANTES   NO

Cynthia Kersey, en su libro *Unstoppable* (Imparables*)*, nos presenta un desafío:[6] ¿Quién te está diciendo que no puedes desarrollar tu negocio propio? ¿Tu propia familia? ¿Tus amigos? Tú puedes, si quieres. Tienes todo el potencial para convertirte en una mujer empresaria. No te rindas, date la oportunidad de ser una triunfadora. Lee a continuación algunos testimonios:

"Liquida tu negocio ahora mismo y recupera lo que puedas de tu dinero. Si no lo haces terminarás sin un centavo en el bolsillo", le dijo el abogado de la ahora famosísima multimillonaria Mary Kay Ash, apenas unas semanas antes de que abriera su primer negocio de cosméticos.

"Tienes una linda voz, pero no es nada especial", le dijo una profesora mientras rechazaba a la jovencita Diana Ross (ahora una cantante mundialmente conocida) para una participación en un musical de su escuela.

"¿Una cadena mundial de noticias? ¡nunca va a funcionar!", es lo que le dijeron a Ted Turner los "expertos" cuando presentó por primera vez su idea de crear CNN.

---

6. Cynthia Kersey. *Unstoppable*. Sourcebooks, Inc. Páginas 139–143.

PREGUNTAS Y PRÁCTICA DEL CAPÍTULO 7

1. ¿Qué es lo más importante que debes hacer para desarrollar el hábito de ahorrar?

    _____

    _____

2. ¿Cuál es tu meta de ahorros?

    _____

    _____

3. ¿Cómo procurarás lograr que toda tu familia aprenda los principios del ahorro?

    _____

    _____

4. ¿Qué pautas a seguir consideras importantes al ser dueña de tu propio negocio?

    _____

    _____

5. Apunta aquí qué cosas consideras importantes y cuáles urgentes. Luego analiza y escribe cómo las resolverás.

    _____

    _____

NOTA: Recuerda que debes continuar con la tarea del punto 3 que comenzaste en el capítulo 4 (Declaraciones bíblicas para pensar durante 40 días). Ver página 81.

*La mujer que prospera impacta
a la siguiente generación
y bendice al necesitado, porque
se ha entregado a Dios.*

"Mujer hacendosa [...]
Es como las naves de mercader,
trae su alimento de lejos.
Extiende su mano al pobre,
y alarga sus manos al necesitado.
Sus hijos se levantan y la llaman bienaventurada,
también su marido, y la alaba diciendo:
'Muchas mujeres han obrado con nobleza,
pero tú las superas a todas'.
Engañosa es la gracia y vana la belleza,
pero la mujer que teme al SEÑOR, ésa será alabada.
Dadle el fruto de sus manos,
y que sus obras la alaben en las puertas".

PROVERBIOS 31:10, 14, 20, 28–31 (LBLA)

CAPÍTULO 8

LA MUJER QUE PROSPERA INFLUYE Y EDUCA A SUS HIJOS

Lic. Melvy de De León

"Se levantan sus hijos y la llaman bienaventurada;
y su marido también la alaba".
PROVERBIOS 31:28 (RV60)

El rango de tu impacto

Una canción de Ricardo Arjona, refiriéndose a las mujeres. expresa: "No se quién las inventó, no se quién nos hizo ese favor, tuvo que ser Dios". Definitivamente tuvo que haber sido Dios. A las mujeres te las encuentras en todo lugar: vas a una oficina: ¿quién te recibe? La recepcionista. Vas al colegio, ¿quién te recibe? La maestra. Vas al hospital, ¿quién te atiende? La enfermera. ¿Cuál es la primera palabra que los hijos pronuncian? "Mamá". Cuando se levantan, ¿a quién llaman primero? "A la mamá". Cuando quieren comer, ¿a quién le piden algo de comer? "A la mamá". Cuando lloran, ¿a quién buscan? "¡A la mamá!"

La mujer que quiere impactar a la siguiente generación es una mujer positiva, optimista, segura de sí misma y que disfruta su papel en la vida. Proverbios 31 hace énfasis en tres áreas específicamente donde se ocupa de su familia porque ella los alimenta, los viste y les da buen ejemplo.

"Busca lana y lino, y con voluntad trabaja con sus manos.
Es como nave de mercader; trae su pan de lejos.
Se levanta aun de noche y da comida a su familia y ración a sus criadas
No tiene temor de la nieve por su familia,
porque toda su familia está vestida de ropas dobles"
PROVERBIOS 31:13–15, 21 (RV60).

Estos pasajes hablan de la mujer que no ahorra fatigas para cumplir con sus deberes de ama de casa, y lo hace de buena gana: no come el pan de ociosidad (v. 27b). Emplea bien el tiempo, de forma que no se pierda ni un minuto. Cuando se apaga la luz del día, ella enciende su lámpara de noche para los quehaceres de puertas adentro (v. 18). Duerme únicamente lo indispensable y se levanta muy temprano, cuando todavía es de noche (v. 15), a fin de preparar el desayuno a la familia, incluyendo a los criados y las criadas, y asigna a cada criada la labor que debe hacer en el día. No es de las que gustan pasar la velada jugando a las cartas o asistiendo a un baile de sociedad. Busca lana y lino (v. 13), a fin de conseguir lo mejor en calidad y precio y trabajarlo con sus propias manos (v. 19), no sólo para las ropas de la familia (v. 21), sino también para socorrer a los menesterosos (v. 20). No piensa que, con eso, rebaje su rango. El huso y la rueca se mencionan aquí en honor de ella, mientras que los ornamentos de las hijas de Sión se mencionan en Isaías 3:18 para el deshonor de ellas. No se ocupa sólo en estas labores que se pueden llevar a cabo en el reposo del hogar y sentada en una silla, sino que se también emplea en otros trabajos que requieren todas sus fuerzas (v. 17). Por ejemplo, hace todo lo posible para que las finanzas domésticas, lleven buen curso. Como nave de mercader (v. 14), se aprovisiona de todo lo necesario, de forma que ni hambre ni carestía la tomen por sorpresa.[1]

Siempre me ha impresionado la forma en la que la mujer alimenta a sus hijos. Desde el momento mismo de la concepción, la placenta se

1.   Comentario a *Proverbios* 31. Tomado de *"Comentario* Exegético-Devocional A Toda La Biblia". Libros poéticos - *Proverbios* Tomo 2. Editorial CLIE. *cristomeama.blog.com.es/2007/01/31/comentario_a_proverbios-1654438/* - y páginas similares.

forma de las mismas células que forman al bebé, se adhiere a la pared del útero de la madre y forma conexiones con la sangre de la madre para proporcionarle al bebé oxígeno y nutrientes. La placenta también forma conexiones con la sangre del feto para que elimine sus desechos, que pasan a la sangre de la madre, y luego al riñón de la madre para eliminarse. La placenta también protege al feto de muchas sustancias y microorganismos que puedan hacerle daño.

Esta conexión permanece para siempre en la relación madre e hijos, no sólo en el hecho mismo de alimentarlos, sino en el cuidado, la protección y el amor. Nosotras debemos mantener abierta la comunicación con ellos porque muchas veces somos su única esperanza para volverlos a traer a una vida equilibrada en las distintas etapas por las que transitan. Esta comunicación debe ser honesta, sincera, transparente.

Sin embargo, hay adultos que quieren aparentar ante sus hijos lo que no son. Pretenden hacerles creer que nunca experimentaron las luchas que ellos están viviendo, que nunca se enamoraron, ni fueron débiles y por eso estos hijos no se acercan a ellos.

En mi trabajo con adolescentes y jóvenes, en una ocasión pregunté cuántos confían en su mamá y la tienen por amiga. Solamente, 2 de cada 10, me respondieron que su mamá es su mejor amiga. Estamos en pleno siglo XXI y muchas madres todavía tienen tabúes para hablar de temas como noviazgo, sexo y amistad con sus hijos. Anhelo que los próximos párrafos de este libro te animen a revertir los números. Comienza por acercarte a tus hijos con un corazón sincero. Vence tus propios tabúes e inicia un diálogo sincero y empático que le permita a tu hijo o hija decir todo aquello que vive y siente en su vida.

"Instruye al niño en su camino, y aun cuando fuere viejo no se apartará de él".
Proverbios 22:6 (rv60)

¿Cómo les enseñamos a nuestros hijos?

1. Con las palabras: *"Y estas palabras que yo te mando hoy, estarán sobre tu corazón; y las repetirás a tus hijos, y hablarás de ellas estando en tu casa, y andando por el camino, y al acostarte, y cuando te levantes"* Deuteronomio 6:6-7 (rv60).

Las que somos madres, tenemos que estar al día con las noticias y con el mundo contemporáneo. Debemos constantemente estar leyendo libros y revistas de temas actuales como arte, música, moda, ciencias, finanzas, cultura general y tecnología.

Ahora tenemos la opción de buscar artículos en Internet, y trasladar esta gama de conocimiento a nuestros hijos. Debemos pasar tiempo hablando con nuestros hijos. Debemos aprender a comunicarnos con ellos en un nivel más profundo que el resto del mundo. Sin embargo, el elemento esencial es conocer las Sagradas Escrituras porque esto nos ayudará a enseñar las verdades eternas a nuestros hijos. Cosas como el amor a Dios, el amor al prójimo, a los padres, las relaciones de amistad relevantes, el noviazgo, el sexo, las finanzas, los estudios y el trabajo. De esta manera podremos transmitir los valores cristianos esenciales para la vida.

2. Con el ejemplo. *"Sed imitadores de mí, así como yo de Cristo"* (1 Corintios 11:1, RV60). No podemos enseñar lo que no vivimos. Tenemos que ser consecuentes en toda nuestra manera de vivir. Un adolescente se acercó un día a mi esposo y le dijo: "Buen mensaje, pastor, sólo espero que usted ¡viva lo que nos enseñó"! Los jóvenes esperan ver en nosotros buenos modelos, dignos de imitar. El famoso profesor Albert Einstein decía: "Dar el ejemplo no es la manera más importante de influir sobre los demás, es la única manera de hacerlo".

> *Una madre llevó a su hijo ante Mahatma Gandhi e imploró:*
> *"Por favor Señor Gandhi, inste a mi hijo a no comer azúcar".*
> *Gandhi, después de una pausa contestó:*
> *"Tráigame a su hijo de aquí a dos semanas".*
> *Dos semanas después, ella volvió con el hijo. Gandhi miró*
> *bien profundo en los ojos del muchacho y le dijo:*
> *"No comas azúcar"*
> *Agradecida pero perpleja, la mujer preguntó:*
> *"¿Por qué me pidió que esperara tanto tiempo? ¡Podría haber*
> *dicho lo mismo dos semanas atrás!"*
> *A lo que Gandhi contestó:*
> *"Hace dos semanas, yo también estaba comiendo azúcar".*[2]

No podemos pedirles a nuestros hijos que hagan cosas, si como madres no estamos dispuestas a liderar con nuestro ejemplo. El Dr. Luis Palau en su libro *¿Por qué se rebela la juventud?* dice que los jóvenes se

---

2.   http://es.globedia.com/ejemplo-acaso-algo.

rebelan por la hipocresía de los adultos, y estoy de acuerdo con él. Creemos que nuestros hijos no se dan cuenta, pero ¡sí se dan cuenta! Y sólo se ríen de nosotros a nuestras espaldas, lo que pasa que no se atreverían a decirnos nuestras fallas. Por ello te animo a que imitemos a Cristo, para que nuestros hijos vean en nosotros el carácter de nuestro Salvador!

3. Con la participación de ellos mismos. Los hijos deben ser parte de las cosas que acontecen en su ambiente familiar. Si hay una victoria en la familia, los hijos deben ser parte de ello; si hay una crisis, los hijos deben conocer la situación.

¿Cómo vamos a prepararlos para enfrentar la vida si no les permitimos ver cómo resolvemos los problemas de la madurez? Los hijos necesitan crecer, madurar y entender la realidad de la vida en el seno de su familia. Necesitan saber que hay épocas buenas y no tan buenas en la vida. Necesitan participar en el proceso de vivir en familia para estar preparados para liderar la suya. Por eso el diálogo abierto y sincero en el seno familiar crea un ambiente donde se debaten y dilucidan los problemas crea un ambiente propicio para que ellos participen según su edad y comprensión.

¿Qué le enseñamos a nuestros hijos?

"Instruye al niño en su camino y cuando fuere viejo no se apartará de él" Proverbios 22:6 (RV60).

1. Amar a Dios

"Qué pide Jehová tu Dios de ti, sino que temas a Jehová tu Dios, que andes en todos sus caminos, y que lo ames, y sirvas a Jehová tu Dios con todo tu corazón y con toda tu alma" [Deuteronomio 10:12 (RV60)].

Si tú tienes una íntima relación con Dios, si eres una hija de Dios, tus hijos serán impactados por tu amor a Dios. Cuando nuestros hijos ya no estén a nuestro lado, tendremos la confianza de saber que adonde quiera que vayan o estén, el amor de Dios permanecerá en ellos.

Las oportunidades que tenemos en la vida son únicas y debemos aprovechar todos los momentos al máximo para enseñarles del amor de Dios. El Dr. Andrés Panasiuk y el cantautor Miguel Ángel Guerra escribieron un devocional de padres e hijas, llamado *Sueños de mariposa*. Mi esposo solía hacer un devocional regular con mis hijas usando ese libro. Te lo recomiendo.

Aunque el libro está orientado a los papás y sus hijas, yo también tomé la costumbre de leerles este hermoso devocional de 30 días. A ellas les fascinaba y, aunque se sabían las historias de memoria, lo disfrutaban como si fuera la primera vez que se los leía. Luego me decían: "Mamita, dame un beso de mariposa". (El "beso de mariposa" consiste en pasar sobre sus mejillas mis pestañas, parpadeando el ojo, eso les provoca cosquillas. ¡Inténtalo con tus hijitos!)

2. Sobre la sexualidad

¿Tienes temor de hablar de este tema con tus hijos? No te preocupes, no eres la única. Lamentablemente no tuve el privilegio de hablar con mi madre de temas tan interesantes como estos, ni siquiera se te permitía hacer preguntas al respecto, ¡era una imprudencia hacerlo! Cuando estaba a pocos días de casarme, mi madre me hizo la siguiente pregunta: "Hija ¿por qué no me cuenta sus cosas personales?". Sonreí ligeramente, era una pregunta que hubiera querido escuchar muchos años atrás, y en ese mismo momento decidí que esa historia no se repetiría con mis hijas. Te confieso que no ha sido fácil, pero he tenido la valentía de enfrentar sus preguntas y responder con honestidad. He tenido la oportunidad de enseñarle temas que muchos chicos no se atreven a platicar con sus padres. Muchas veces me han hecho sonrojar, pero doy gracias a Dios que han platicado conmigo de sus inquietudes.

No me gustaría que otra chica de la edad de ellas sea la que los instruya, tampoco me gustaría que fuera una revista o un programa de TV, ni la Internet. Quiero tener el privilegio de hacerlo yo misma.

Uno de los consejeros favoritos que tuve en mis años de adolescencia fue el Dr. Luis Palau, y lo es para muchos jóvenes el día de hoy. La manera franca y abierta en que expone este tema en su libro *Sexo y Juventud* te hace ver la sexualidad desde otro punto de vista. Recomiendo a todos los padres que tengan en su biblioteca esta útil herramienta de consultas donde hallará pautas que ayudarán a guiar a sus hijos en el camino de la vida, el amor, el sexo y el matrimonio. Cuántas veces por descuido dejamos de lado este tema tan importante, este pilar que puede engrandecer a la persona o denigrarla. Por eso, quisiera compartir algunas ideas prácticas para las que tenemos el privilegio de ser madres, abuelas o tías y ayudemos a las siguientes generaciones a salir de sus inquietudes.

La juventud hoy sabe demasiado sobre el sexo, sabe más de lo que usted y yo juntas hemos aprendido en toda nuestra vida. Vivimos en una cultura obsesionada con el sexo, y esa obsesión está explotando para mal de la sociedad. Las empresas publicitarias aprovechan este interés para vender sus productos y usan el sexo para vender automóviles, alcohol, ropa, trajes de baño, perfumes y ¡hasta comida! Es por eso que los jóvenes de ayer y de hoy tienen una idea equivocada del significado y valor del sexo.

El primer paso que debemos dar los padres es vencer el temor de hablar del tema con nuestros hijos y sobre todo las mamás que somos las que pasamos más tiempo con ellos y volver a los principios y los valores que se encuentran en la Biblia, la Palabra de Dios. Las mamás, debemos romper con la premisa de que el sexo es sucio y feo, o un tabú, así que te animo a leer tu Biblia donde obtendrás la orientación que necesitas.

"Si quieres un pasaje sobre la hermosura del amor y la pureza del matrimonio, lee en la Biblia el libro del Cantar de los Cantares. Si quieres conocer la advertencia más poderosa que yo jamás haya leído contra la inmoralidad sexual, busca el capítulo 7 de los Proverbios. Si deseas instrucciones con respecto al orden de una familia feliz, ideal y maravillosamente cristiana, lee el capítulo 5 del libro a los Efesios. Si anhelas saber cuál es el destino de quienes se mofan de la vida pura que agrada a Dios, lee con detenimiento el capítulo 6 de Primera Corintios. Si deseas ver un ejemplo de cómo Dios bendice a un joven que se mantiene puro a pesar de tener terribles tentaciones sexuales, lee la vida de José en el libro del Génesis capítulo 39. Si quieres contemplar el castigo de una nación a causa de su depravación, lee la historia de Sodoma y Gomorra en el capítulo 19 del Génesis".[3]

Si quieres que tus hijos vivan una vida feliz y productiva, mucho dependerá de la orientación que como madre les des, guíalos a creer en el Señor Jesucristo y ¡empieza hoy!

3. Sobre las finanazas

¿Finanzas a la siguiente generación?... ¿Y por qué no? Debemos evitar que las siguientes generaciones cometan los errores que hemos cometido los adultos. La pregunta, muchas veces es: ¿A qué edad deberíamos

3.   Libro Sexo y Juventud, Luis Palau, publicado por editorial Unilit, Miami, Florida, nueva edición 1987. Pág. 20.

comenzar a enseñarles? Yo creo que desde que un niño o una niña comienzan a contar, ya pueden aprender las cosas básicas del manejo del dinero. Te sorprenderías de la capacidad que tiene un niño de 5 años para aprender de estos temas.

a. Les debemos enseñar cómo dar generosamente.

"Honra al Señor con tus riquezas y con los primeros frutos de tus cosechas" [Proverbios 3:9 (NVI)].

La celebración de los cumpleaños de nuestras hijas (para fortuna nuestra) se realizan el mismo mes. Recuerdo que hace algunos años atrás, nos regalaron tantos juguetes, que después de haberle dado juguetes a todos los invitados, todavía nos sobraron. Entonces, decidimos ir a un pueblo cercano, encontramos una iglesia y convocamos a varios niños del barrio. Le pedimos a nuestras hijas que con sus propias manos regalaran esos juguetes extras como una manera de enseñarles a compartir.

Lo más importante para nosotras, no es enseñarles a nuestros hijos a dar el diezmo, sino enseñarles a dar. Enseñarles a ser generosos, dadivosos, a invertir en la vida eterna. Si nuestros hijos aprenden el arte de la generosidad desde niños, cuando sean adultos van a dar sin ningún problema.

b. Les debemos enseñar a ahorrar.

"Anda, perezoso, fíjate en la hormiga! ¡Fíjate en lo que hace, y adquiere sabiduría! No tiene quien la mande, ni quien la vigile ni gobierne; con todo, en el verano almacena provisiones y durante la cosecha recoge alimentos" [Proverbios 6:6–8 (NVI)].

El ahorro, debe ir acompañado de metas. Cuando nuestras hijas pidieron un teléfono celular, les dijimos que no era una necesidad, y que si querían tener uno, debían trabajar para comprarlo. Así que realizaron ciertas tareas en la casa y les pagamos por ello. Al cabo de un mes, tenían el dinero ahorrado para comprar el celular. Las acompañamos al negocio y se compraron su teléfono. Luego viene la pregunta típica:

"¿Quién paga por los minutos hablados?" De acuerdo a lo que han presupuestado, siguen haciendo tareas en casa para pagarse su propia "tarjeta prepaga de llamadas".

Cuando ellas sean adultas y trabajen, habrán adquirido el hábito de dar y ahorrar, pero lo aprendieron a hacer estableciendo metas concretas en su vida.

c. Les debemos enseñar a gastar sabiamente.

"Asegúrate de saber cómo están tus rebaños; cuida mucho de tus ovejas; pues las riquezas no son eternas ni la fortuna está siempre segura" [Proverbios 27:23-24 (NVI)].

Es importante que nuestros hijos desde pequeños sepan que el dinero está al servicio del hombre y no el hombre para el dinero. Deben aprender, no solamente a ahorrar, sino también a gastar. Sabiamente, enséñales la diferencia entre una necesidad, un deseo de calidad o simplemente un deseo. Comparte estas ideas que ya se han tratado en el libro y enséñaselas a tus hijos. Explícales estas diferencias y estarás criando hijos que no sufrirán la mayoría de los problemas económicos que tienen las familias latinoamericanas el día de hoy.

d. Les debemos enseñar a evitar endeudarse.

"Los ricos son los amos de los pobres; los deudores son esclavos de sus acreedores" [Proverbios 22:7 (NVI)].

Un chico, le dijo a su papá que quería un carrito de juguete, pero no le alcanzaba el dinero que tenía. El papá le advirtió que el juguete no era de buena calidad y no valía la pena comprarlo. Sin embargo, el niño insistió y le dijo al papá que le diera la diferencia del dinero que le hacía falta. El papá le dijo: "Bueno, te lo presto, pero me vas tener que pagar intereses". El niño no sabía en lo que se estaba metiendo, ¡él quería el juguete y lo quería ya mismo! El juguete, por supuesto, no le duró ni una semana, tal como se lo advirtió el padre. Sin embargo, el niño tuvo que enfrentar una triste realidad: ahora no tenía su juguete, ¡pero todavía tenía una deuda con su padre! Aquí va un consejo útil: Los padres nunca les deberíamos pagar las deudas a nuestros hijos, ellos deben aprender a pagarla. Es parte de su proceso de maduración. La mayoría de los padres (especialmente la madre), quieren evitar el sufrimiento a sus hijos. Sin embargo, el sufrimiento es una parte muy importante del proceso de maduración. Acompañémoslos en su sufrimiento, eso no se lo evitemos. ¡Ni siquiera Dios hace eso con nosotros!

e. Les debemos enseñar a trabajar por su dinero.

"El de manos diligentes gobernará; pero el perezoso será subyugado" [Proverbios 12:24 (NVI)].

Trabajo no es lo mismo que explotación. En nuestros países latinoamericanos, nos encontramos con familias que tienen hijos pensando en su futuro: deciden tener hijos para que cuando sean grandes, esos hijos los mantengan. En algunos casos el asunto es peor: los mandan a trabajar desde niños para suplir la necesidades personales. Eso es explotación.

Enseñarles a trabajar por su dinero, es enseñarles responsabilidad. Los hijos a cierta edad, pueden hacer tareas en el hogar y los padres debemos pagarles por ello. Sin embargo, tengamos mucho cuidado: hay tareas por las cuales no se les debe pagar. Por ejemplo, es responsabilidad de los hijos hacer la cama, ordenar su ropa, limpiar su habitación y hacer las tareas escolares. Pero hay otras que no son su responsabilidad; como, por ejemplo: lavar la vajilla, hacer algún mandado, ayudar en la limpieza de la casa, lavar el auto, etc. Por estas actividades, deberías pagarles cierta cantidad de dinero, siempre en múltiplos de tres. Cómprale tres alcancías o toma tres vasos y colócales un rótulo a cada uno que diga: "Dar", "ahorrar" y "gastar". Tus hijos dividirán el dinero recibido en tres partes iguales y lo colocarán en cada uno de los recipientes. Dividir el dinero ganado es una destreza fundamental y muy importante para lograr administrar los recursos personales y familiares con éxito.

Te recomiendo el libro *A, B, C del dinero* de Beverly Dayton, publicado por este ministerio, para tus hijos más pequeñitos.

Las madres vamos a impactar a la siguiente generación estando presentes en su mundo. Aprópiate de la siguiente promesa de Isaías 44:3–4: *"Porque yo derramaré aguas sobre el sequedal, y ríos sobre la tierra árida; mi espíritu derramaré sobre tu generación, y mi bendición sobre tus renuevos; y brotarán entre hierbas, como sauces junto a las riberas de las aguas"* (RV60).

En los momentos más duros de nuestro ministerio como madres, cuando sentimos que las tormentas nos arrastran sin misericordia y no sabemos cómo tratar los problemas con nuestros hijos, apropiémonos de esta hermosa promesa que nos ayudará a estar firmes para impactar la vida de ellos. Es muy común, en nuestras reuniones de oración de la iglesia, darnos cuenta de que la petición de una madre es siempre por sus hijos... ¡Sí: ese es un precioso don que Dios nos ha regalado y debemos cumplirlo con fidelidad!

En un viaje, de camino a un seminario para pastores, llegamos a un hotel para descansar. Llevaba conmigo un libro que siempre había querido leer. Se titula "La Generación Emergente",[4] escrito por Junior Zapata. Ni bien leí el prefacio, capturó totalmente mi atención. Ese mismo día devoré el libro completamente. Como mujer de más de cuarenta años quizás no estoy de acuerdo con todo el contenido que este autor presenta en su libro; sin embargo, me sentí identificada con muchas de las cosas que mi contemporáneo, Junior, escribe sobre la necesidad de romper con los prejuicios y los paradigmas para amar y entender a los adolescentes del día de hoy.

Posiblemente tú seas un ama de casa, una enfermera, una doctora, una arquitecta, una profesional, una empresaria o una mujer de negocios. No importa la actividad a la que te dediques: te animo a conocer el universo de esta nueva generación. Los hijos tienen maneras distintas de comunicarse y tú como madre, debes buscar la manera más efectiva de hacerlo.

Mi hija mayor, es una chica muy comunicativa y con ella no es difícil conversar. Le encanta que responda a sus inquietudes y he tenido el hermoso privilegio de estar muy cerca de ella en todas las emociones que como adolescente experimenta. Mi segunda hija, por otro lado, no conversa mucho de manera personal... Yo le estaba pidiendo a Dios que me ayudara a acercarme más a mi hija cuando, en una ocasión que estábamos las dos en Internet, comenzamos a "chatear" de una forma tan abierta como nunca lo habíamos hecho antes... Ahora, a veces estamos en la misma casa, ella en su habitación y yo en la sala, y ¡estamos chateando por Internet!

4. Junior Zapata. La Generación Emergente, Editorial Vida, 2005. Págs. 33, 34, 36, 43.

Si eres una mujer que no te gusta usar la tecnología, te animo a que hagas el esfuerzo y aprendas al respecto. Parece difícil, pero no lo es. Solamente debes ser perseverante. Si lo haces, aprenderás sobre el mundo en que viven tus hijos. Podrás ver las fotos que "publican en la Web" y qué actividades realizan tus hijos. ¡Conocerás mejor a la gente con la que se relacionan y hasta podrás empezar a recibir mensajes de textos! Aquí van algunas preguntas muy importantes:

- ¿Conoces el mundo de la Internet?
- ¿Conoces las páginas que frecuentan tus hijos?
- ¿Conoces a los amigos que tienen en otros países con los cuales se comunican por chat?
- ¿Conoces y entiendes la moda de tus hijos?
- ¿Conoces los sueños de tus hijos?

Nunca es tarde para empezar.

Conocí a una mamá que me dijo: "No me gusta todo este rollo en el que andan mis hijos, pero es necesario que aprenda de la nueva tecnología, de otra manera, voy a perder la oportunidad de meterme a su mundo, y un día ya no estaré con ellos, o ellos no estarán conmigo". No te estoy sugiriendo que vistas a la moda como tus hijas, tampoco te estoy pidiendo que aceptes todo de tus hijos sin replicar palabra. Solamente te pido que los ames, que seas ejemplo y traslades a su vida el legado de las verdades eternas. Escucha música con ellos, disfruta de una película junto a ellos, y en su momento, diles la diferencia entre el bien y el mal.

PREGUNTAS Y PRÁCTICA DEL CAPÍTULO 8

1. ¿Cuál es el estilo de aprendizaje que impartes a tus hijos?

2. ¿Cómo les enseñas a...

   • amar a Dios?

   • ahorrar?

   • dar generosamente?

   • gastar?

   • trabajar por su dinero?

   • elegir buenas compañías?

- entender los roles sexuales?

_____

_____

- aplicar los valores cristianos?

_____

_____

NOTA: Recuerda que debes continuar con la tarea del punto 3 que comenzaste en el capítulo 4 (Declaraciones bíblicas para pensar durante 40 días). Ver página 81.

CAPÍTULO 9

LA MUJER QUE PROSPERA ES DE BENDICIÓN AL NECESITADO

Dr. Andrés Panasiuk

"Alarga su mano al pobre, y extiende sus manos al menesteroso".
PROVERBIOS 31:20 (RV60)

¿Te gusta viajar? Cuando vivía en Chicago, tuve el privilegio de visitar muchas veces el Museo Field de Historia Natural.[1] Es un lugar único en el mundo. Cuando tengas la oportunidad, visítalo. Una de las colecciones más interesantes tiene aproximadamente unas 90.000 mariposas. Algunas muestran una belleza realmente impresionante. Si te interesa el tema, otro lugar para visitar sería el "Museo Mariposas del Mundo",[2] en la localidad de San Miguel, provincia de Buenos Aires, allí tienen unos 70.000 ejemplares.

Sin embargo, hay una gran diferencia entre una mariposa de alguna de estas dos colecciones que admiras detrás de un vidrio en un museo y la que verías en el mariposario del Museo Nacional de Costa Rica.[3]

1. http://www.fieldmuseum.org.
2. http://www.mariposasdelmundo.com.
3. http://www.museocostarica.go.cr.

Unas están vivas y las otras están muertas. Esa es la diferencia entre una mujer exitosa, que simplemente ha acumulado mucho dinero y una mujer que ha aprendido a ser próspera también en el área de su generosidad: la segunda tiene vida. En la medida en que modificas los paradigmas de tu vida para prepararte hacia una vida más integralmente próspera, necesitas cambiar el paradigma de la generosidad. La Palabra de Dios dice: *"El alma generosa será prosperada; y el que saciare, él también será saciado"*.[4] Esta no es una fórmula mágica proveniente de los profetas de la prosperidad. ¡Por supuesto que para prosperar necesitas hacer mucho más que simplemente dar dinero a otros! Pero un corazón generoso tiene lo que se necesita para ser feliz: Sabe vivir desapegado de los bienes materiales y valora las cosas importantes de la vida.

Yo creo firmemente que una de las principales razones por las que Dios nos permite disfrutar de la prosperidad es para poder compartirla.

Cualquiera que sea tu posición económica, creo que es importantísimo que aprendamos a compartir nuestras bendiciones. Si no lo hacemos, morimos un poco como personas. Hemos sido diseñados para compartir lo poco o lo mucho que tenemos; las alegrías y las tristezas. El egoísmo o la avaricia no nos caen muy bien al espíritu.

Esa es una de las razones, por ejemplo, por las que el Mar Muerto (en Israel) está, literalmente, muerto. El Mar Muerto se encuentra a 398 metros debajo del nivel del mar y el río Jordán entrega a este mar más de seis millones de metros cúbicos de agua por día. Sin embargo, el Mar Muerto tiene un problema: solamente recibe agua, nunca la da. El agua, entonces, se estanca y, con la evaporación que produce el sol del desierto, la concentración de sal aumenta. La concentración normal de sal en el océano es del 2 al 3%, mientras que la concentración de sal en el Mar Muerto es del 24 al 26%, además del magnesio y el calcio. ¡No hay vida que aguante ese potaje químico! El Mar Muerto, con sus 1.000 kilómetros cuadrados de superficie, es grande, rico en minerales, y es, probablemente, el mar más conocido del mundo. Sin embargo, ha perdido la vida. Está vacío en su interior. Esto nos enseña que el dar, luego de recibir, es un proceso vital para permitir mantener la frescura de nuestro corazón.

Existen varios principios que creo importantes para tener en cuenta al momento de dar y me gustaría compartirlos contigo:

4.   *Reina Valera Revisada (1960)*. Libro de los Proverbios, capítulo 11, verso 25. Sociedades Bíblicas Unidas.

1. La mujer cristiana da, primordialmente, para honrar a Dios.

La costumbre de dar a Dios y a Sus sacerdotes viene desde épocas antiquísimas. En el caso del judaísmo y del cristianismo, por lo menos desde la época del famoso Abraham y Melquisedec (hace unos 4.000 años atrás).[5] Es interesante notar que el "diezmo" (dar la décima parte de algo) precede a la ley mosaica. El diezmo, entonces, es adoptado por el cristianismo bajo la "época de la gracia" porque no se instauró con el fin de salvar al hombre, sino porque muestra, básicamente, una actitud del corazón.

El famoso rey Salomón dice en uno de sus proverbios "*Honra al Señor con tus riquezas y con los primeros frutos de tus cosechas*".[6] Notemos que la primera palabra (un verbo imperativo, una orden), es la palabra "honra". El motivo principal del cristiano para traer dinero a la iglesia, entonces, es una actitud interior: humillarse internamente (al reconocer que de Dios nos vienen todas las cosas), y reconocerlo a Él como el dueño de todas sus posesiones.

2. La mujer cristiana da sin esperar nada a cambio.

La actitud de dar yace en el amor, y esta acción no surge del interés. San Pablo explica dicha actitud cuando les escribe a los romanos y a los corintios.[7] El cristiano da a Dios como un hijo da un regalo a su padre.

Reflexionemos: Como madres y padres, cuando nuestro hijo o nuestra hija nos da un abrazo y un beso ¿cómo queremos que nos lo dé? ¿Por amor o porque quiere "sacarnos algo"? Seguramente que queremos que nos lo dé por amor.

La idea de un hijo o una hija que se acerca a su padre porque quiere sacarle algo no es muy positiva en Latinoamérica. En realidad, el concepto del hijo que demuestra cariño a su padre porque tiene otros "intereses" en mente, es una idea un tanto desagradable para muchos de nosotros.

Lo que yo me pregunto es: ¿Por qué le estamos enseñando a hacer justamente eso a nuestra gente? ¿Por qué escuchamos a tantos predicadores televisivos y radiales enseñarles a los cristianos a que le den su ofrenda a Dios para que Dios les dé a ellos diez veces más?

En mi humilde opinión, nosotros deberíamos estar enseñando a nuestra gente a dar por amor, no por interés. La Palabra de Dios es bien

5. Libro del Génesis. Capítulo 14, versos 17 al 20.
6. Rey Salomón. Libro de los Proverbios, capítulo 3, verso 9. Versión DHH.
7. San Pablo. Carta a los Romanos, capítulo 11, versos 34 al 36 y Primera Carta a los Corintios, capítulo 13.

clara al respecto. La Primera Carta a los Corintios en el versículo 13:3 dice claramente: *"Y si repartiese todos mis bienes para dar de comer a los pobres, y si entregase mi cuerpo para ser quemado, y no tengo amor, de nada me sirve".*

Cuando se le enseña a alguien a dar por interés, los resultados son inmediatos; pero a la persona de nada le sirve porque sólo se promueve la codicia. El problema es que esa enseñanza se convierte en un boomerang y vuelve a golpearnos. Cuando la gente que da 100 dólares no recibe 10 veces más en retorno, entonces comienza a dudar. Hay predicadores del materialismo religioso que, lamentablemente, fomentan esto y encima alegan que cuando el dador no recibe en retorno se debe a su falta de fe.

Entonces: ¿Qué me está diciendo este tipo de enseñanza? Me está diciendo que el problema no está en una enseñanza distorsionada y semiherética. ¡Sino en el feligrés que ha dado hasta lo que no tenía! La gente que cae en estas trampas religiosas son, por lo general, las personas que más quieren agradar a Dios.

Es cierto que la Biblia promete que Dios abrirá las ventanas de los cielos para bendecirnos cuando nosotros lo honramos con los primeros frutos de nuestra labor. Es una verdad eterna.

Pero volviendo al tema de nuestros hijos, puedo afirmarte que mis hijos no tienen idea de las bendiciones económicas que mi esposa y yo tenemos y hemos guardado para ellos. Tenemos tesoros que ni los imaginan, porque mi esposa y yo no queremos que cuando nos den un beso y un abrazo, lo hagan por interés, sino por amor.

De la misma manera, tú y yo no tenemos idea de las bendiciones que Dios tiene guardadas para ti y para mí en el futuro (algunas materiales, algunas emocionales, algunas espirituales). Sin embargo, cuando nosotros traemos nuestros diezmos y ofrendas delante de Él, Dios quiere que se las traigamos, no por el interés en esas bendiciones, sino simplemente para honrarlo y por amor.

Se le preguntó una vez al rabino Meir: "Por qué las Escrituras nos dicen en algunos pasajes que nuestros sacrificios son agradables al Señor mientras que en otros dice que Dios no se agrada en nuestros sacrificios?". El rabino contestó: "Todo depende si al momento de presentar el hombre su sacrificio incluyó en ese sacrificio también su corazón".[8]

---

8.   De la tradición religiosa del judaísmo. Midrash, Baraita Kallah 8.

3. La mujer cristiana da voluntariamente.

Si bien la costumbre en muchas religiones del mundo es la de especificar cuál es el tipo de ofrenda que se debe traer delante de Dios, no ocurre lo mismo con el cristianismo. Por lo menos, no debería ocurrir lo mismo.

La enseñanza clave la ofrece nuevamente San Pablo cuando le dice a los corintios: *"Cada uno debe dar según lo que haya decidido en su corazón, no de mala gana ni por obligación porque Dios ama al que da con alegría"*.[9]

El cristiano toma el concepto del diezmo del judaísmo pero no lo ve como una regla, una ley o una meta que cumplir. Lo ve como un comienzo, como un mínimo sobre el cual construir una vida de entrega a Dios y a los demás. Es interesante que hasta en el libro apócrifo de Eclesiástico se dice: "Da al Altísimo como él te ha dado a ti, con ojo genero"[10] o sea de acuerdo con tus capacidades.

4. La mujer cristiana da generosa y sacrificialmente.

Cuando Jesús señaló con el dedo a alguien para ponerlo como ejemplo en el arte de dar, apuntó, increíblemente, a una viuda que había colocado solamente un par de centavos en el lugar de las ofrendas a la entrada del templo. El Maestro destacó este suceso y lo incorporó eternamente en las páginas de las Escrituras porque ella dio todo lo que tenía.[11]

Esta viuda podría habré tenido todas las excusas del mundo para sentarse a la puerta del templo, extender su mano y pedir. Ella era una "madre sola", pobre, un cero a la izquierda para la sociedad judaica (en cuanto a derechos y posición social, no era lo mismo ser un viudo, que ser una viuda en esas épocas). La Ley le permitía recibir ayuda por ser viuda y pobre, sin embargo, esta mujer, en vez de extender su mano para pedir, extendió su mano para dar.

Hay una razón muy poderosa por la que lo hizo. Esta mujer tenía algo que a muchos de nosotros nos falta hoy en día: carácter.

Dice un buen amigo mío que "el dar es el símbolo de la riqueza, mientras que el pedir es el símbolo de la pobreza"[12] (y no estamos hablando

9. Segunda Carta de San Pablo a los Corintios, capítulo 9, verso 7. Biblia RV60.
10. Eclesiástico ("Sirácida" o "Sabiduría de Sira"), capítulo 35, verso 9. Siglo II a.C. Biblia de Jerusalén. © Equipo de trad. de la edición española. © Ed. esp. Descleé de Brouwer, S.A. 1976. ISBN 84-330-0283-X.
11. Evangelio según San Marcos, capítulo 12, versos 42 al 44.
12. Dr. Guillermo Donamaría. Director, Christ Center, Chicago, IL. USA.

de riqueza y pobreza material). El que tiene un carácter maduro será también generoso porque tiene de dónde dar y dará aunque no tenga.

El secreto en este tema no es que cada uno de nosotros demos la misma cantidad, sino que demos con el mismo sacrificio.

5. La mujer cristiana da en secreto.

En el centro del sermón de la montaña, Jesús dice a sus discípulos: *"Por eso, cuando ayudes a los necesitados, no lo publiques a los cuatro vientos, como hacen los hipócritas en las sinagogas y en las calles para que la gente hable bien de ellos. Les aseguro que con eso ya tienen su premio. Cuando tú ayudes a los necesitados no se lo cuentes ni siquiera a tu amigo más íntimo; hazlo en secreto. Y tu Padre, que ve lo que haces en secreto, te dará tu premio".*[13]

La humildad es un elemento esencial al momento de dar a los demás. Practiquémosla en medio de la sociedad electrónica y rimbombante que vivimos.

6. La cantidad, en realidad, no es importante.

Como dijimos anteriormente, la cantidad o el porcentaje de dinero no es realmente importante al momento de dar. Algunos pueden dar más, otros menos. Lo que realmente importa es nuestro "ser" interior y no nuestro "hacer" exterior.

Muchas veces me he encontrado con gente que me pregunta si ellos deberían dar el diezmo (indicando que dan el 10% de sus entradas de dinero) a la iglesia. Hay dos cosas que generalmente contesto.

Primero, digo: "En este tema, obedezca a su pastor y a sus líderes espirituales y, si usted está de acuerdo en formar parte de esa comunidad de fe, debe seguir la guía de sus líderes". Segundo, generalmente aclaro que, en la antigüedad, la gente del pueblo de Israel no daba el 10% de sus entradas anuales al templo. Daba más. Esa actitud sólo demuestra lo poco que conocemos las Escrituras y el por qué hacemos lo que hacemos.

Lo voy a explicar: los judíos de la antigüedad tenían una sola cosecha anual, sin embargo daban tres diezmos: dos anuales y un tercer diezmo cada tres años. El primer diezmo era para ser almacenado en el templo[14]; el segundo, para las viudas y los huérfanos del pueblo hebreo;[15]

---

13. Evangelio Según San Mateo, capítulo 6, versos 2 al 4. Biblia DHH.
14. Ver el cuarto libro de Moisés, Números, capítulo 18, versos 21 al 32.
15. Ver el quinto libro de Moisés, Deuteronomio, capítulo 14, versos 22 al 29.

y el tercero (cada tres años) para las viudas y los huérfanos extranjeros (gentiles) que vivían en Israel.[16] Entonces, los judíos de la antigüedad "diezmaban" ¡el 23,33% anual! Con esto quiero demostrarte que lo que nosotros consideramos "diezmo" después de Cristo, no tiene un paralelismo literal con el Antiguo Testamento, sino que tiene un paralelismo con sus principios: el honrar a Dios como el verdadero Dueño de todo lo que tenemos, y el 10% debería ser nuestro comienzo (y no nuestra meta).

7. Dónde pones tu dinero sí es importante.

A pesar de que hemos estado hablando de diezmos y ofrendas primordialmente para la iglesia o la parroquia, la realidad es que esa es sólo una pequeña parte de lo que deberíamos dar como personas.

Quisiera dar aquí una palabra de precaución con respecto a las personas y las organizaciones a las que habremos de ayudar con nuestro tiempo, talento y tesoros. Estas palabras de precaución valen tanto para las comunidades de fe como para las organizaciones seculares.

Ya desde el primer siglo de nuestra era existía entre los líderes de la iglesia cristiana la preocupación por la aparición de aquellos que, presentándose a sí mismos como "apóstoles", "predicadores" o "profetas", buscaban las ganancias materiales a través de la predicación del evangelio. Podemos ver claramente esa preocupación en la *Didache* o *"La Doctrina de los Doce Apóstoles"* (un documento de la iglesia primitiva que salió a la luz en 1875 en la ciudad de Estambul, Turquía).

La *Didache* indica, por ejemplo, que cualquier apóstol o profeta que quisiese más que pan para el camino, pidiese dinero o demandase que se le alojara por más de dos días, debería considerarse falso.[17] En el siglo XXI podemos llegar a ser un poco más indulgentes... pero no mucho. Aquí tienes algunas pautas a considerar antes de dar a cualquier organización o persona:

- ¿Cuántos años de existencia tiene esta organización o iglesia?
- ¿Tienen metas concretas y claras o están tratando de ser todo para todos? ("El que mucho abarca, poco aprieta", dice el refrán)
- ¿Hay gente a quienes no conozcas bien? ¿Qué dicen?

16. Ídem anterior.
17. *Didache*, capítulo 11, versos 4 al 6, 9, 12. Tomado de Justo L. González. *Faith & Wealth*. (New York: Harper-Collins, 1990), página 93.

- ¿Cuál es la reputación del líder?
- ¿Cómo se reflejan los principios y los valores explayados en este libro en tu vida?
- ¿Tiene la organización o la iglesia informes financieros regulares?
- ¿Están esos informes disponibles para los contribuyentes?
- ¿Tienen un auditor externo a la organización?
- ¿Tiene la organización una junta directiva o es una dictadura?
- ¿Son los miembros de la junta directiva miembros de la misma familia? ¿Cuántos?
- ¿Cuáles son los resultados concretos del trabajo de esta organización?
- ¿Qué porcentaje de los donativos se usan para recaudar más donativos?
- ¿Cómo se establece el salario de los líderes de la organización o la iglesia?
- ¿Cuántos salarios mínimos gana el líder máximo?

Dejo el tema de la generosidad como un ingrediente para el éxito económico con una historia:

Se cuenta que una vez un mendigo estaba pidiendo dinero al costado del camino cuando pasó a su lado el famoso Alejandro el Grande. Alejandro lo miró y, con un gesto bondadoso, le dio unas cuantas monedas de oro. Uno de los sirvientes del gran conquistador, sorprendido por la generosidad de Alejandro le dijo: "Mi señor, algunas monedas de cobre podrían haber satisfecho adecuadamente la necesidad de este mendigo. ¿Por qué darle oro?" El conquistador miró a su paje y le contestó con sabiduría: "Algunas monedas de cobre podrían haber satisfecho la necesidad del mendigo; pero las monedas de oro satisfacen la generosidad de Alejandro!"

Aprendamos a dar en un nivel económico que no solamente satisfaga las necesidades físicas de los demás, sino que, por sobre todo, satisfaga la generosidad y la integridad de nuestro corazón.

PREGUNTAS Y PRÁCTICA DEL CAPÍTULO 9

1. ¿Cuál sería tu mayor anhelo ahora que sabes cómo ser prosperada?

_____

_____

2. ¿Cuáles son tus motivaciones al dar?

_____

_____

3. ¿Recuerdas cuándo fue la última vez que diste sacrificialmente? ¿Qué pudiste recabar de dicha experiencia?

_____

_____

4. Apunta los principios que tú consideres más importantes al hablar de la actitud del cristiano que da.

_____

_____

5. ¿Cómo le transmites estas enseñanzas a tus hijos?

_____

_____

NOTA: Recuerda que debes continuar con la tarea del punto 3 que comenzaste en el capítulo 4 (Declaraciones bíblicas para pensar durante 40 días). Ver página 81.

CAPÍTULO 10

LA MUJER QUE PROSPERA SE HA ENTREGADO A DIOS

Dr. Andrés Panasiuk

"Engañosa es la gracia, y vana la hermosura;
la mujer que teme a Jehová, ésa será alabada".
PROVERBIOS 31:30 (RV60)

Hace un par de años atrás cayó en mis manos un libro que me causó un profundo impacto, no solamente en mi vida, sino en la vida de mi esposa también. Se trata de Rendición, el libro que Nancy Leigh DeMoss publicara en el año 2006 bajo el título en inglés de *Surrender*. La autora desarrolla el concepto de la entrega. Nos impactó tanto que he estado predicando el tema por todo el mundo. Hoy me gustaría compartir contigo una serie de ideas que he tomado de este libro mezclado con de lo que produjo en mí. Dicha rendición incluye también el concepto de la entrega, de la renuncia a uno mismo.

Esta renuncia a uno mismo, que implica morir al yo y entregarse completamente a la voluntad de Dios, está en el centro del plan de salvación para nuestra vida.[1] Alrededor de esta actitud gira todo lo que hemos escrito en este libro y es la piedra fundamental en el proceso de disfrutar de la prosperidad integral en tu vida.

Nancy Leigh comienza contando la historia de Hiroo Onoda, un soldado japonés en la isla de Lubang, en las Filipinas, que se quedó aislado de su pelotón y del resto del mundo durante la Segunda Guerra Mundial. A pesar de los incontables esfuerzos por avisarle que la guerra había terminado, Onoda continuó la lucha por 29 años interrumpidos hasta que, finalmente, el 10 de marzo de 1974 entregó su oxidada espada a las autoridades filipinas, convirtiéndose así en el último soldado japonés en rendirse.[2]

Rendirse no es fácil. Muchas veces, para aquellos que hemos encontrado a Jesús en nuestra vida y le hemos pedido que venga a vivir en nuestro corazón, la guerra ha terminado. Sin embargo, entregarse es difícil.

El problema de la renuncia y la entrega

La actitud de entrega está en el corazón del conflicto de los siglos, en el centro de los problemas que tenemos que enfrentar en el universo.

Por ejemplo, en el primer acto divino que registran las Sagradas Escrituras, Dios hace un ejercicio de control sobre las leyes de la naturaleza. Dice: "¡Sea la luz!" y el universo entero se entrega a Su voluntad para agradarle y permitir que la luz aparezca en nuestra historia.[3]

Cuando la naturaleza obedece a Dios, se siente alegre, "satisfecha". El Salmo 104:13 dice, *"Desde tus altos aposentos riegas las montañas; la tierra se sacia con el fruto de tu trabajo"* (NVI). Sin embargo, el problema de los siglos comenzó cuando Lucifer, un ángel especialmente dotado por Dios, decidió no entregar su voluntad al Rey de reyes.

En el libro del profeta Isaías se nos explica:

¡Cómo has caído del cielo,
lucero de la mañana!
Tú, que sometías a las naciones,
has caído por tierra.

1. Ver Mateo 16:24, *"Entonces Jesús dijo a sus discípulos: Si alguno quiere venir en pos de mí, niéguese a sí mismo, y tome su cruz, y sígame".* Igualmente, Marcos 8:34 y Lucas 14:27. Biblia RV60.
2. DeMoss, Nancy Leigh. *Rendición*, Editorial Portavoz, Grand Rapids, 2006. Paginas 17, 18.
3. Ídem, página 31, 32.

Decías en tu corazón:
"Subiré hasta los cielos.
¡Levantaré mi trono
por encima de las estrellas de Dios!
Gobernaré desde el extremo norte,
en el monte de los dioses.
Subiré a la cresta de las más altas nubes,
seré semejante al Altísimo".
¡Pero has sido arrojado al sepulcro,
a lo más profundo de la fosa![4]

Oswald Chambers, en su libro *En pos de lo supremo*[5] nota que "el concepto de 'la entrega' [*la rendición*] no significa entregar nuestra vida externa, sino nuestra voluntad. Cuando se hace eso, no hay nada más que hacer. Hay muy pocas crisis en la vida; la gran crisis, es la renuncia a tu propia voluntad".

En los últimos 50 años, las personas de los países desarrollados han hecho un importante cambio cultural, han abandonado el sentimiento de rendición total en pos del concepto del "compromiso"[6] y el Cuerpo de Cristo se ha contagiado.

No es extraño el día de hoy escuchar a ministros invitar a la gente a hacer un "compromiso" con el Señor, en vez de *entregar* sus vidas a Cristo.

"Compromiso" es algo que yo hago por ti, yo prometo hacer algo por otro.

La entrega se refiere a que yo me rindo a ti. Me doy por vencido. Tú asumes el control total sobre mí y haces de mí lo que tú quieres.

Entrega es muy diferente que compromiso. Pero en el siglo XXI la gente no quiere rendirse, prefiere vivir la vida cristiana y todavía tener el control.

La mujer que prospera es una mujer que se entrega completamente en las manos del Maestro. Que se rinde a Su voluntad. Ella renuncia a sí misma y busca agradar a su Señor.

---

4. Libro del Profeta Isaías, capítulo 14, versos 12 al 15. Siglo VIII a.C. Biblia NVI.
5. Chambers, Oswald. *My Utmost for His Highest*, 1927. Ver: http://www.oswaldchambers.co.uk.
6. DeMoss, Nancy Leigh. *Rendición*, Editorial Portavoz, Grand Rapids, 2006, páginas 59, 60.

El ejemplo supremo de renuncia

El ejemplo más importante que tenemos de renuncia personal y entrega total lo encontramos en la carta que San Pablo escribe a sus amados amigos de Filipos. En el capítulo 2, comenzando con el verso 5, San Pablo nos habla del proceso de entrega por el que pasó Jesucristo mismo.[7] En el eterno pasado, la Segunda Persona de la Trinidad, renunció a sí misma y se rindió a la voluntad de la Primera. Entregó presencia, poder, posición, prestigio... Lo entregó todo para venir a morar entre nosotros, servirnos a nosotros y hasta morir por nosotros.

Algunas personas dicen incorrectamente que los judíos fueron culpables de la muerte de Jesús. Otros, dicen que fueron los romanos los culpables de la muerte de Jesús. Nadie fue culpable de la muerte de Jesús. Él entregó su vida por su propia voluntad.[8] Fue un acto de renuncia y rendición a la voluntad de su Padre.

San Juan 19:30 nos muestra una increíble "ventana" a lo que ocurrió en la cruz del Calvario. Dice el apóstol, *"Cuando Jesús hubo tomado el vinagre, dijo: Consumado es. Y habiendo inclinado la cabeza, entregó el espíritu"* (RV60).

Nadie mató al Señor Jesús. Él entregó su vida de su propia voluntad.

¿Qué es lo que tú necesitas entregarle a Dios? Piénsalo...

Escribe aquí lo que necesitas rendir, lo que necesitas renunciar... lo que necesitas entregar a Dios sin condiciones previas:

_____

_____

_____

Es interesante notar que, debido a este acto de entrega total de parte del Señor Jesucristo, Dios el Padre lo reconoce entregándole todo de nuevo a su Hijo. En el segundo capítulo de Filipenses, el apóstol San Pablo dice: *"Por lo cual Dios también le exaltó hasta lo sumo, y le dio un nombre que es sobre todo nombre, para que en el nombre de Jesús se doble toda rodilla de los que están en los cielos, y en la tierra, y debajo de la tierra; y toda lengua confiese que Jesucristo es el Señor,*

7. Ver Carta del Apóstol San Pablo a los Filipenses, capítulo 2, versos 5 al 11. Siglo I d.C.
8. Ver Isaías 53:10 y San Juan 10:15.

para gloria de Dios Padre" (vv. 9–11, RV60). También Apocalipsis 11:15 se nos dice: *"Los reinos del mundo han venido a ser de nuestro Señor y de su Cristo; y él reinará por los siglos de los siglos"* (RV60). Pero... espera: este no es el final de la historia...[9] El verdadero final-final de la historia de la raza humana, el mundo y el universo entero llega en un acto completamente inesperado por parte del Hijo de Dios. En Corintios, capítulo 15, el apóstol San Pablo nos dice: *"Luego el fin, cuando entregue el reino al Dios y Padre, cuando haya suprimido todo dominio, toda autoridad y potencia. Porque preciso es que él reine hasta que haya puesto a todos sus enemigos debajo de sus pies.[...] Pero luego que todas las cosas le estén sujetas, entonces también el Hijo mismo se sujetará al que le sujetó a él todas las cosas, para que Dios sea todo en todos"* (1 Corintios 15:24–25, 28, RV60).

En un acto completamente inesperado por la raza humana, cuando el unigénito Hijo de Dios recibe como premio todos los reinos del mundo, toda la autoridad en el universo, todas las cosas para que estén sujetas debajo de Sus pies (incluso a Lucifer con todos los ángeles de la rebeldía)... Él toma todas estas cosas en sus manos, se da media vuelta, camina hacia el trono de Dios Padre y, allí nuevamente, lo rinde todo —incluso a sí mismo— a los pies de su Padre Celestial, para poder de esta manera restaurar nuevamente todas las cosas del universo debajo de la voluntad de Dios.

¿Qué es lo que debes rendir a Dios?

La mujer que realmente experimenta la prosperidad de Dios en su vida, no es aquella que es la más bella, la más rica o la más inteligente. Es la que, en un acto de renuncia total, se ha rendido en los brazos del Maestro.

¿Qué es aquello que todavía quieres controlar?

- ¿Posesiones personales?
- ¿El dinero?
- ¿Tu matrimonio?
- ¿Tus hijos?
- ¿Tu casa?
- ¿Tu negocio?

9. DeMoss, Nancy Leigh. *Rendición*, Editorial Portavoz, Grand Rapids, 2006, páginas 124, 125.

- ¿Tus sueños?
- ¿Tentaciones?
- ¿Pecado en tu vida?

Hoy es el momento de imitar al Hijo de Dios, tomar toda tu vida y rendirla completa y absolutamente a la voluntad y la dirección de Dios.

Hay un antiguo himno que plasma claramente el tipo de actitud con el que deberíamos concluir este tema y me gustaría compartirlo contigo. Acá te lo transcribimos para que lo leas y ¡también lo cantes si lo sabes!

Todo a Cristo yo me rindo,
Con el fin de serle fiel.
Para siempre quiero amarle,
Y agradarle sólo a Él.
Yo me rindo a Él,
Yo me rindo a Él.
Todo a Cristo yo me entrego,
Quiero serle fiel.
Todo a Cristo yo me rindo,
A sus pies postrada estoy.
Los placeres he dejado,
Y le sigo desde hoy.
Todo a Cristo yo me rindo,
Sí, de todo corazón.
Yo le entrego alma y cuerpo,
Busco hoy su santa unción.
Yo me rindo a Él,
Yo me rindo a Él.
Todo a Cristo yo me entrego,
Quiero serle fiel[10]

Parafraseando al predicador Henry Varley:

El mundo todavía está por ver
lo que Dios puede hacer
con una mujer completamente entregada a Él.

¡Tú puedes ser esa mujer!

---

10.   Autor: Judson W. Van DeVenter, 1896.

PREGUNTAS Y PRÁCTICA
DEL CAPÍTULO 10

1. ¿Has experimentado esa renuncia a ti misma para poder entregarte a Dios? ¿Cómo y cuándo fue?

_____

_____

_____

2. Si aún no lo has hecho, medita sobre esto en oración al Señor. ¿Qué te impide hacerlo hoy?

_____

_____

_____

3. Haz una lista de todo lo que...

Debes rendir a Dios	Ya lo has puesto bajo su control	Aún debes entregarle

NOTA: Recuerda que debes continuar con la tarea del punto 3 que comenzaste en el capítulo 4 (Declaraciones bíblicas para pensar durante 40 días). Ver página 81.

APÉNDICE 1

DESCRIPCIÓN DETALLADA DE LOS PERFILES DE PERSONALIDAD

Como lo indiqué anteriormente, investigando sobre el tema de perfiles de personalidad, encontré una monografía del Lic. Antonio Sánchez Martínez[1] que tiene una clara explicación de cada uno de los temperamentos y cuáles son sus fortalezas y sus debilidades.

Me he tomado la libertad de editar levemente la monografía para hacerla más apetecible. Por ejemplo, he cambiado las formas masculinas por las femeninas en dos de los perfiles para enfatizar que estas personalidades no son solamente para los hombres, sino también se presentan en las mujeres. Sin embargo, hemos mantenido intacto el resto del material. Aquí va la descripción de cada una de las tendencias de personalidad:

---

1. Antonio Sánchez Martínez. Licenciado en Química, Graduado en la Universidad de Carabobo, Facultad de Ingeniería, Escuela de Química, República de Venezuela.

Carácter colérico / directivo (d)

El perfil en detalle:

La colérica es de temperamento ardiente, ágil, activo, práctico y de voluntad fuerte que se ve a sí misma como autosuficiente y muy independiente. Tiende a ser decidida y llena de opciones, y le resulta fácil tomar decisiones por su cuenta, y por cuenta de otros también. Como veremos en la personalidad del sanguíneo, la colérica también es extrovertida, pero es mucho menos intensa.

La colérica se encuentra a gusto con la actividad. Para ella la vida tiene que ver con el cumplimiento de metas. No necesita que el medio la estimule; antes bien, ella estimula al medio que la rodea con sus ideas, planes, metas y ambiciones inacabables. No se dedica a actividades que no tengan un propósito concreto porque tiene una mentalidad práctica y aguda, capaz de tomar decisiones o de planificar actividades útiles en forma instantánea y acertada. No vacila ante la presión de la opinión ajena, sino que adopta posiciones definidas frente a las cuestiones, y con frecuencia aparece organizando cruzadas contra alguna injusticia social o alguna situación subversiva.

A la colérica no le asustan las adversidades; más aún, estas tienden a alentarla y le dan energía. Su tenaz determinación generalmente le hace tener éxito donde otros fracasan porque ella sigue empeñada en la tarea cuando otros se desalientan. La colérica es una líder nata, lo que los expertos en administración empresarial llaman una líder natural fuerte.

La naturaleza emocional de la colérica es la parte menos desarrollada de su temperamento. No siente compasión por otros fácilmente, ni lo demuestra ni lo expresa. La gente son un medio para alcanzar sus metas.

Con frecuencia se siente incómoda frente a las lágrimas ajenas o simplemente le disgustan, y en general es insensible a sus necesidades. Demuestra poco aprecio por la música y el arte. Preferentemente busca los valores utilitarios y productivos de la vida.

La colérica reconoce rápidamente las oportunidades y con igual rapidez descubre la mejor forma de sacarle provecho. Tiene una mente bien organizada, aunque suelen aburrirla los detalles. Como no es muy dada al análisis, sino más bien a una estimación rápida, casi intuitiva, tiende a poner la mira en la meta que quiere alcanzar sin tener en cuenta las posibles trampas y escollos en el camino.

Tiende a ser dominante y autoritaria y usa a la gente sin vacilación a fin de lograr sus fines. A menudo se le considera oportunista.

Toda profesión que requiera liderazgo, motivación y productividad es adecuada para una colérica, siempre que no le exija demasiada atención a los detalles y planificación analítica. Generalmente le gustan las tareas de construcción porque es una actividad muy productiva y es frecuente que la colérica termine siendo capataz o supervisora.

La colérica es desarrollista por naturaleza sueña con construcciones y maquinarias abriendo caminos.

La mayoría de las negociantes emprendedoras y financistas son coléricas. Formulan sus ideas y tienen ese espíritu de aventura que las lleva a lanzarse en direcciones nuevas. No se limitan tampoco a sus propias ideas; a veces oyen hablar de alguna idea progresista y la toman como bandera.

Sin embargo, una vez que la colérica ha iniciado un nuevo negocio, probablemente se aburra muy pronto a pesar del éxito. Hay dos razones para ello: 1) cuando el negocio crece bajo su dinámica dirección necesariamente surgen muchas cuestiones de detalle. Pero como las coléricas son malas delegando responsabilidad, terminan haciéndolo todo ellas mismas. 2) Cuando descubre que está tan ocupada que le faltan manos para hacerlo todo, opta por buscar a alguien que le compre el negocio. Es pues común, que una colérica inicie entre cuatro y diez negocios en el curso de su vida.

La colérica no es una perfeccionista sino una productora. Prefiere hacer veinte cosas con un setenta u ochenta por ciento de perfección a hacer unas pocas con un cien por cien.

La colérica tiende a desenvolverse muy bien en el comercio, en la enseñanza de asignaturas prácticas, en la política, en funciones militares, en los deportes. Por otra parte, raramente encontraremos una cirujana, una dentista, una filósofa, una inventora, una matemática o una relojera colérica. Muchas veces, es tan optimista que rara vez fracasa, excepto en su propia casa.

Debilidades del carácter colérico (d)

El enojo y la hostilidad. La colérica es extremadamente hostil. Algunas aprenden a controlar su ira, pero una erupción de violencia es siempre una posibilidad en ellas. No les lleva mucho tiempo comprobar que los demás generalmente se asustan de sus estallidos de enojo y de que por lo tanto pueden valerse de su ira como un arma para conseguir lo que quieren, y generalmente, lo que quieren es salirse con la suya.

El enojo de las coléricas es enteramente diferente al de carácter sanguíneo. La explosión de la colérica no es tan fuerte como las del sanguíneo ya que es menos extrovertida, pero puede ser mucho más peligrosa. La colérica puede herir a los demás con toda intención y gozarse de haberlo hecho. El esposo de una colérica generalmente le tiene miedo, y esta tiende a aterrorizar a los hijos. La colérica da portazos, golpea la mesa con el puño, y usa la bocina del automóvil sin discreción.

Cualquier persona o cosa que se le cruce en su camino, que retarde su progreso, o que deje de funcionar en la medida de sus expectativas, no tardará en experimentar la erupción de su cólera, y a diferencia del sanguíneo, a la colérica no se le pasa el enojo fácilmente, sino que por el contrario puede arrastrar su encono durante un tiempo increíblemente largo. Tal vez sea esta la razón de que a los cuarenta años de edad ande con úlceras estomacales.

Cruel, cortante y sarcástica. Nadie pronuncia con su boca comentarios más ácidos que la colérica sarcástica. Siempre preparada con un comentario cortante que es capaz de aniquilar a los que se sienten inseguros y demoler a los menos combativos. Raras veces titubea cuando quiere cantarle las cosas claras a alguien o destruirlo. En consecuencia, va dejando un reguero de casos psíquicos y de personas heridas por donde pasa.

Fría y sin afecto. De todos los temperamentos el colérico es el que evidencia menos afecto y se neutraliza ante la idea de hacer alguna demostración pública de afecto. Su rigidez emocional rara vez le permite derramar lágrimas.

Insensible y desconsiderada. Similar a su natural falta de amor es la tendencia de la colérica a ser insensible a las necesidades de los demás y desconsiderada acerca de sus sentimientos.

Porfiada y terca. La firmeza y la decisión natural de la colérica son una característica temperamental que pueden ayudar en el curso de su vida, pero también pueden convertirla en una mujer porfiada y terca. Como tiene un fuerte sentido intuitivo, generalmente toma resoluciones rápidamente (sin consideración y análisis adecuados), y una vez que ha tomado una decisión es prácticamente imposible que cambie de parecer. La colérica se muestra neutral en muy pocas cosas y terca en todo. **Astuta y dominadora.** Una de las características de la colérica es su inclinación a proceder con astucia a fin de lograr lo que quiere. Raras veces acepta un no como respuesta y con frecuencia recurre a cualquier medio necesario para alcanzar su meta. Si tiene que adulterar las cifras y torcer la verdad, raras veces vacila, porque para ella el fin justifica los medios. Cuando necesita un favor, puede transformarse casi en una sanguínea en su capacidad persuasiva, pero en el momento que se le da lo que busca, se olvida de que te conoció.

Carácter sanguíneo / interactivo (i)

El perfil en detalle:

El sanguíneo es una persona cálida, vivaz, alegre, amigable. Por naturaleza es receptivo y las impresiones externas se abren camino fácilmente en su corazón donde prestamente provoca una respuesta atropellada. Para tomar sus decisiones predominan más los sentimientos que los pensamientos reflexivos. Es un súper extrovertido. Tiene una capacidad poco común para divertirse y generalmente contagia su espíritu alegre y divertido. Fascina cuando narra cuentos y su naturaleza cálida y entusiasta le hace revivir prácticamente la experiencia que relata.

Nunca le faltan amigos. Su naturaleza ingenua, espontánea, cordial le abre puertas y corazones. Puede sentir genuinamente las alegrías y los pesares de las personas con quien está y tiene la habilidad de hacer sentir a un individuo importante como si se tratase de un amigo muy especial, y lo es, mientras tenga sus ojos puestos en él, o mientras sus ojos no se dirijan hacia otra persona con igual intensidad.

El sanguíneo nunca se encuentra perdido por falta de palabras, aun cuando con frecuencia habla sin pensar. Su franca sinceridad, sin embargo, tiene un efecto desarmador sobre muchos de sus interlocutores, de tal modo que los hace responder a su humor. Su modo libre de desenvolverse hace que los de temperamento más tímido lo envidien.

Al sanguíneo le gusta la gente y detesta la soledad. Nunca se siente mejor que cuando está rodeado de amigos donde él es el alma de la fiesta. Tiene un repertorio interminable de cuentos que relata en forma dramática.

Su modo ruidoso, afable, atropellado, lo hacen parecer más seguro de lo que él mismo se siente; pero su energía y su disposición amable lo ayudan a superar sus problemas en la vida. La gente suele disculpar sus debilidades diciendo: "Él es así".

Generalmente resultan excelentes vendedores, sintiéndose muy atraídos hacia esa profesión. Suelen además ser excelentes actores, anfitriones, predicadores, locutores, animadores, políticos, etc.

En cuanto a ayudar a otros se refiere, los sanguíneos se destacan en tareas hospitalarias. Los médicos sanguíneos están dotados de una aptitud especial para acercarse al enfermo al cual lo deja siempre de buen ánimo como consecuencia de su trato cautivante. La enfermera sanguínea evidencia igual grado de entusiasmo para ayudar a los enfermos, y su radiante sonrisa cuando entra en la habitación siempre tiene el efecto de levantar el espíritu.

Cualquiera sea la actividad a la que se dedique el sanguíneo, siempre le conviene que sea una actividad que proporcione mucho contacto con otras personas.

Debilidades del sanguíneo (i)

Indisciplinado y carente de voluntad. La tendencia a ser indisciplinados y su voluntad débil puede llegar a destruirlo a menos que sepa vencer estas debilidades. Como son altamente emocionales tienden a ser "manipuladores".

La voluntad débil y falta de disciplina hacen que les resulte fácil conducirse de manera deshonesta, ser falsos y poco dignos de confianza. Tienden a cometer excesos y a aumentar de peso y les resulta sumamente difícil mantener una dieta; en consecuencia, es muy normal que un sanguíneo de treinta años de edad tenga quince kilos de más y siga aumentando rápidamente.

Inestabilidad emocional. El sanguíneo no sólo es capaz de llorar por cualquier pretexto, sino que la chispa de ira puede transformarse en furioso infierno instantáneamente. Hay algo consolador en su enojo, no guarda rencor. Una vez que ha desatado su furia se olvida de la cuestión. Los demás no, pero él sí. Por eso no tiene úlceras; se las pasa a los demás.

El egotismo. El sanguíneo lucha constantemente por ser el centro de la atención. Para él todo el mundo es un gran escenario y él es el actor principal. Normalmente él mismo es su personaje favorito. Un hábito muy sutil del sanguíneo es hacer referencia a personalidades (proyección), haciendo hincapié en su relación con la persona. **Inquieto y desorganizado.** Los sanguíneos son tremendamente desorganizados y siempre están en movimiento. Raras veces planifican por anticipado; generalmente aceptan las cosas a medida que se le presentan. Son felices buena parte del tiempo porque raramente vuelven la mirada hacia atrás (y en consecuencia no se benefician de los errores pasados), y raras veces miran hacia delante. Dondequiera que viva o trabaje las cosas se encuentran en un desastroso estado de desarreglo. No consigue las herramientas, y las llaves constituyen su ruina porque, invariablemente, se le pierden. Dado su ego, generalmente es exigente para vestirse, pero si sus amigos vieran la habitación donde se vistió pensarían que alguien ha sido víctima de una explosión. **La inseguridad.** Aún cuando su personalidad es extrovertida y aparenta ser una persona segura de sí misma, en realidad, es muy insegura. Generalmente el sanguíneo no teme el daño personal y a menudo se arriesga a realizar desmedidas hazañas de osadía y heroísmo. Sus temores giran en torno al fracaso personal, el rechazo o la desaprobación de los demás. **Conciencia flexible.** Como el sanguíneo tiene la capacidad de convencer a los demás, se gana la reputación de ser el timador más grande del mundo. No le resulta difícil convencerse de que todo lo que quiere hacer está perfectamente bien. Las leyes, las reglas y los reglamentos son solamente "buenas sugerencias" y pueden ser manipuladas con el fin de lograr ciertas metas. Tiene la tendencia a torcer la verdad o a exagerar. Para el sanguíneo "el fin justifica los medios" por eso pisotea tranquilamente los derechos de los demás y pocas veces titubea ante la posibilidad de servirse de otros.

Carácter flemático / estable (s)

El perfil en detalle:

La flemática es una persona tranquila, serena, que nunca se alarma y casi nunca se enoja. Sin duda alguna es la persona con la cual es más fácil llevarse bien y es, por naturaleza, el más simpático de los temperamentos. Para ella la vida es una alegre y agradable experiencia, sin emoción, en la que evita comprometerse todo lo posible. Es tan tranquila y serena que parece no agitarse nunca, cualesquiera sean las circunstancias que la rodean. Es el único tipo temperamental que es invariablemente consecuente. Bajo su personalidad tranquila la flemática experimenta más emociones de las que aparecen en la superficie, y tiene capacidad para apreciar las bellas artes y las cosas buenas de la vida.

A la flemática no le faltan amigos porque le gustan las personas y tiene un sentido del humor natural y satírico. Es del tipo de persona que puede hacer que los demás se destornillen de la risa mientras ella permanece imperturbable. Posee una capacidad especial para descubrir el lado humorístico de los demás, y de las cosas que hacen los demás, y tiene una actitud siempre positiva hacia la vida. Tiene buena capacidad de retener ideas y conceptos. Puede ser una buena discípula.

La flemática tiende a ser más bien una espectadora de lo que ocurre en el medio, y procura no comprometerse mucho con las actividades de los demás. Más aún, cuesta mucho lograr que tome parte en alguna actividad que no sea su rutina diaria.

En general, la flemática es de buen corazón y compasiva, pero raras veces deja traslucir sus verdaderos sentimientos. Sin embargo, toda vez que su interés ha sido despertado, y resuelve poner manos a la obra, sus capacidades de cualidad y eficiencia se ponen de manifiesto. No se ofrece voluntariamente para ocupar la posición de líder, pero, cuando se ve obligada a ocuparla, da muestras de ser una líder sumamente capaz. Ejerce una influencia conciliadora sobre otros y es una planificadora nata.

La flemática es una maestra en todo aquello que requiera de una paciencia meticulosa y la presencia de la rutina diaria. La mayoría de las maestras de la escuela primaria son flemáticas. Esto se aplica también al nivel secundario y superior, donde tienen preferencia por las matemáticas, la física, la gramática, la literatura, etc.

Otro campo que apela a la flemática es la ingeniería. Le atraen los planos y los cálculos, es buena como ingeniera civil tanto en estructuras como sanitaria, ingeniera química, ingeniera mecánica, dibujante, estadística, etc. Tienen además excelentes aptitudes artesanales, por lo que suelen ser buenas mecánicas, torneras, carpinteras, electricistas, relojeras, especialistas en cámaras fotográficas y otros instrumentos de precisión.

Suelen también ser excelentes capataces, supervisoras o dirigentes de personal pues son diplomáticas y no provocan roces.

La flemática es organizada, jamás concurre a una reunión desprevenida o tarde, tiende a trabajar bien bajo presión y es extremadamente confiable. Es frecuente que la flemática conserve el mismo trabajo toda la vida.

Como tiende a luchar con el problema de la inseguridad personal, la flemática puede preferir ocupaciones con beneficios de jubilación u otras seguridades. Por ello le atraen los cargos en la administración pública, en las fuerzas armadas, en funciones de gobierno y otras semejantes. Es raro que la flemática inicie alguna actividad comercial por su cuenta, aún cuando esté capacitada.

Debilidades de la flemática (s)

Sin interés, lenta y ociosa. La debilidad más evidente de la flemática es su aparente falta de empuje o de ambición. Si bien pareciera que siempre hace lo que se espera de ella, raras veces hace más de lo necesario. Hace pensar en que tiene un metabolismo bajo, o lento, y con frecuencia se queda dormida en el momento que se sienta.

Raramente propicia alguna actividad, y en cambio busca excusas para evitar tener que comprometerse en las actividades de los demás. Incluso su ritmo tiende a disminuir con el paso de los años. La flemática generalmente se levanta temprano, se va a su trabajo o actividad diaria de buen humor, y habiendo cumplido un horario corrido, regresa "completamente agotada".

Con frecuencia duerme una larga siesta, tras lo cual se sienta frente al televisor (que maneja a control remoto), y en el curso de la tarde se duerme y se despierta según los programas. Por último, después de las noticias de la noche, su esposo la despierta y la ayuda a meterse en la cama, donde se duerme profundamente hasta la mañana siguiente. Y esto todos los días invariablemente.

Autoprotección. A nadie le gustan las heridas, y esto resulta particularmente cierto en el caso de la flemática. Si bien no es tan sensible como el melancólico, tiene piel bastante delgada y, por lo tanto, aprende a protegerse a una edad muy temprana. Es bastante frecuente que aprenda a vivir como una tortuga, erigiendo un duro caparazón protector que la escude de todo dolor o afrenta externos.

Mezquina y avara. Esta es una característica de las que solo pueden dar fe las personas que viven con una flemática, pues su actitud siempre cortés y correcta para con los demás, hacen que el resto de las personas no se percaten de ella. La flemática cuida cada centavo y actúa como una avara, excepto cuando se trata de comprar algo para sí misma. Normalmente es la que da las propinas más pequeñas.

Terca, terca y terca. Nadie es más terca que la flemática; pero es tan diplomática, hasta en eso, que a la gente le puede pasar desapercibido. Casi nunca se enfrenta con otra persona, ni se niega a hacer algo, pero de algún modo se las arregla para eludir la responsabilidad. Ante una situación familiar la flemática jamás grita o discute. Se limita a arrastrar los pies o se planta y se niega a moverse.

Indecisa y temerosa. Debajo de la amable superficie de la flemática diplomática late un corazón sumamente temeroso. Esta tendencia a temer le impide, con frecuencia, aventurarse por su cuenta para sacar el mayor provecho de sus potencialidades.

Carácter melancólico / consciente (c)

El perfil en detalle:

El melancólico tiene el temperamento más rico de todos. Es un tipo analítico, talentoso, perfeccionista, abnegado, con una naturaleza emocional muy sensible. Nadie disfruta más del arte que el melancólico. Por naturaleza tiende a ser introvertido, pero como predominan sus sentimientos, lo caracterizan una serie de disposiciones de ánimo. A veces lo elevan a las alturas del éxtasis que lo llevan a obrar en forma más extrovertida. Sin embargo, en otros momentos está triste y deprimido, y en esos momentos se vuelve escurridizo y puede incluso, volverse antagónico.

El melancólico es un amigo muy fiel, pero a diferencia del sanguíneo no hace amistad con facilidad. Pocas veces se esfuerza por conocer a la gente; mas bien se limita a esperar que acudan a él. Quizás sea el de temperamento más confiable, por cuanto sus tendencias perfeccionistas no le permiten hacerse a un lado o abandonar a otros cuando cuentan con él.

Su reticencia natural a tomar la delantera no es indicación de que no le guste la gente. Como a todos, no sólo le gusta la gente sino que también tiene un gran deseo de ser aceptado por los demás. Las experiencias desalentadoras lo llevan a rehusar a la gente por lo que parecen; por ello tiende a sospechar cuando lo buscan o le hacen atenciones.

Su excepcional capacidad analítica lo impulsa a diagnosticar acertadamente los obstáculos y los peligros de cualquier proyecto en el que participa. Esto contrasta marcadamente con el colérico, que pocas veces ve los problemas o las dificultades, pero que confía en que va a poder resolver cualquier crisis que se le presente.

Estas características a menudo hacen que el melancólico no quiera iniciar algún nuevo proyecto o que se vea en conflicto con los que quieran iniciarlo. Cuando una persona ve los obstáculos en lugar de los recursos o metas, es fácil que se descorazone antes de empezar. Dicho de otra manera el melancólico es un pesimista nato.

El melancólico suele descubrir su mayor sentido de la vida entregándose al sacrificio personal. Con frecuencia elige una vocación difícil, que requiera mucho sacrificio personal. Pero una vez que ha elegido, tiende a ser sumamente metódico y persistente en el cumplimiento de la misma, y es más que probable que realice grandes cosas si su tendencia natural a quejarse del sacrificio que significa no lo deprime hasta el punto de hacerlo abandonar totalmente.

Toda vocación que requiera perfección, abnegación y creatividad es adecuada para el melancólico. La mayoría de los grandes compositores, artistas, músicos, inventores, filósofos, teóricos, teólogos, científicos y dedicados educadores del mundo han sido predominantemente melancólicos. La capacidad analítica necesaria para proyectar edificios, concebir proyectos requiere el temperamento de un melancólico.

Por otro lado, también pueden ser artesanos de primera: carpinteros, albañiles, plomeros, horticultores, científicos, abogados, escritores, mecánicos, ingenieros. Pueden ser miembros de toda profesión que proporciona un servicio con sentido humanitario.

Debilidades del melancólico (c)

Negativo, pesimista y crítico. Las admirables cualidades del perfeccionismo y la escrupulosidad conllevan con frecuencia la seria desventaja del negativismo, el pesimismo y de un espíritu de crítica.

Normalmente, la primera reacción de un melancólico ante cualquier cosa va a ser negativa o pesimista. Este solo rasgo limita la actuación vocacional del melancólico más que ningún otro. Apenas se le presenta una nueva idea o un proyecto nuevo su habilidad analítica se enciende y comienza a imaginar toda clase de problemas y dificultades que en su opinión podrían surgir al poner el proyecto en práctica.

Para la industria esto es una ventaja, porque mediante este rasgo el melancólico puede anticipar los problemas y prepararse para ellos. Pero para él mismo es una desventaja porque le impide largarse por su cuenta y sacar ventaja de su creatividad. Es raro que una persona predominantemente melancólica inicie un nuevo negocio o proyecto por su cuenta; en cambio es fácil que sea utilizado por personas menos dotadas pero de temperamento más emprendedor.

El melancólico es capaz de experimentar el "arrepentimiento del comprador" antes de comprar la mercancía, y no como los otros que la experimentan tiempo después.

Los melancólicos deben luchar constantemente contra su espíritu de crítica que proyectan hacia los que lo rodean como hacia sí mismo, razón por la cual suelen sentirse sumamente disconformes consigo mismos.

Egocéntrico, susceptible, y quisquilloso. El melancólico es más egocéntrico que cualquier otro temperamento, pues todo lo interpreta en relación consigo mismo. Si, por ejemplo, se anuncia en su trabajo alguna nueva disposición, inmediatamente reacciona alarmado pensando que es él a quien quieren agarrar.

Tiende además a compararse con los otros en apariencia exterior, en talento, en intelecto, sintiéndose invariablemente deficiente porque jamás se le ocurre que se compara con los mejores rasgos del otro y hace a un lado sus puntos débiles. Este rasgo de egocentrismo, juntamente con su carácter sensible, hace que el melancólico sea muy susceptible y quisquilloso por momentos. Se puede ofender a un melancólico con solo mirarlo.

Vengativo y propenso a sentirse perseguido. El talentoso cerebro del melancólico puede ser terreno fértil para conceptos creativos y positivos, o la fuente de pensamientos perjudiciales. Aun cuando no es tan expresivo como el sanguíneo o el colérico en su enojo, es perfectamente capaz de alentar un rencor de ebullición lenta y de larga duración que se manifiesta en pensamientos vengativos y en meditaciones de auto persecución. Si dicha conducta persiste puede transformarse en un maniático depresivo o explotar de ira, de un modo enteramente distinto a su naturaleza normalmente suave.

Las líneas negativas de pensamiento hacen que el melancólico tome decisiones poco realistas. El noventa y cinco por ciento de las veces su línea de pensamiento vengativa y opresiva saca el problema fuera de toda perspectiva.

Temperamental, depresivo, antisocial. Una de las características más prominentes del melancólico se refiere a los vaivenes de ánimo. En algunas ocasiones se siente transportado a tales alturas que obra como si fuese un sanguíneo y en otras, se siente tan deprimido que quisiera deslizarse por debajo de las puertas.

A medida que aumenta en años aumentan los momentos de insatisfacción, amargura y depresión, a menos que haya a prendido a autocontrolarse.

Legalista y rígido. Ningún temperamento es tan susceptible a ser rígido, implacable e intransigente, hasta el punto de ser totalmente irrazonable, como el melancólico.

Es el mártir natural de su causa. Es incapaz de falsear la información en los formularios de impuestos o cualquier otro. Es intolerante e impaciente con los que no ven las cosas como las ve él; en consecuencia le resulta difícil formar parte de un equipo y con frecuencia se desenvuelve sólo en el mundo comercial.

Impráctico y teórico. El melancólico es un idealista por lo que a veces tiende a ser impráctico y muy teórico por lo que le convendría someter siempre sus proyectos a la prueba de la viabilidad y le conviene asociarse con personas de otro temperamento que se complementen.

Combinación de tendencias

Cuando hablamos de perfiles de personalidad, nuestra experiencia ha sido que nadie tiene un perfil único. Generalmente, uno tiene una combinación de ellos. Aquí, nuevamente, Antonio Sánchez Martínez nos ayuda con un cuadro ilustrativo:

COMBINACIÓN DE TEMPERAMENTOS	ASPECTOS POSITIVOS	ASPECTOS NEGATIVOS
D-I COLÉRICO - SANGUÍNEO	EXTROVERTIDO	HOSTIL
	MUY ACTIVO	IRACUNDO Y RESENTIDO
	PROMOTOR Y VENDEDOR NATURAL	IMPACIENTE
	GRAN MOTIVADOR	SARCÁSTICO
	SEGURO DE SÍ	ATROPELLA A LA GENTE
D-C COLÉRICO - MELANCÓLICO	MUY INDUSTRIOSO	AUTOCRÁTICO Y DICTATORIAL
	CAPAZ	SARCÁSTICO
	MINUCIOSO	HOSTIL
	DE METAS DEFINIDAS	RESENTIDO
	DECIDIDOS	
D-S COLÉRICO - FLEMÁTICO	MUY CAPAZ	TERCO
	ORGANIZADO	NO RECONOCE SUS ERRORES
	OBJETIVOS CLAROS	PUEDE GUARDAR AMARGURA
	BUEN TRATO PARA LOS DEMÁS	
	BUENOS ADMINISTRADORES	
I-D SANGUÍNEO – COLÉRICO	MUY EXTROVERTIDO	HABLA DEMASIADO
	CARISMÁTICO	EMITE OPINIONES INFUNDADAS
	ENTUSIASTA	ENOJADIZO PRESTO A LA ACCIÓN
	ORIENTADO A LOS DEMÁS	DÉSPOTA
	DOTES DE VENDEDOR	JUSTIFICA SUS ACCIONES
	RESOLUCIÓN	
	PRODUCTIVO	
	MEDIANAMENTE ORGANIZADO	
	DEPORTISTA	

COMBINACIÓN DE TEMPERAMENTOS	ASPECTOS POSITIVOS	ASPECTOS NEGATIVOS
I-C SANGUÍNEO - MELANCÓLICO	MUY EMOCIONAL	FLUCTUANTE
	SIENTE LOS PESARES AJENOS	MUY CRÍTICO
	FANTÁSTICO MAESTRO	DEPRESIVO
	PERFECCIONISTA	ENOJADIZO
	DON DE GENTE	TEMEROSO
I-S SANGUÍNEO - FLEMÁTICO	MUY CARISMÁTICO	FALTOS DE DISCIPLINA
	ALEGRE Y ENTRETENIDO	FALTOS DE MOTIVACIÓN
	QUERIDOS POR LA FAMILIA	POCO SERIO
	HACE REÍR	
S-I FLEMÁTICO - SANGUÍNEO	SIMPÁTICO	TIENDE A PERDER EL TIEMPO
	DIPLOMÁTICO	FALTO DE DISCIPLINA
	ALEGRE	TEMEROSO E INSEGURO
	COLABORADOR	SOLITARIO
	DE CONFIANZA	
S-D FLEMÁTICO - COLÉRICO	BUEN OIDOR	FALTO DE MOTIVACIÓN
	BUEN TRATO CON LAS PERSONAS	TEMEROSO
	PACIENTE	OBSTINADO E INFLEXIBLE
	DE CONFIANZA	PASIVO
S-C FLEMÁTICO - MELANCÓLICO	REPOSADO	TEMOR
	AGRADABLE, SUAVE	EGOÍSTA
	CONFIABLE	NEGATIVÍSTA
	SENCILLO	CRÍTICO
	PACIENTE, MINUCIOSO	

COMBINACIÓN DE TEMPERAMENTOS	ASPECTOS POSITIVOS	ASPECTOS NEGATIVOS
C-I MELANCÓLICO - SANGUÍNEO	SIMPÁTICO	TIENDE A PERDER EL TIEMPO
	SENSIBLE AL ARTE	MUY CRÍTICO
	ANALISTA	IDEALISTA E IMPRÁCTICO
	ESTUDIOSO	INSEGURO, TEMEROSO
	SE LLEVA BIEN CON LA GENTE	AUTOIMAGEN POBRE
C-D MELANCÓLICO - COLÉRICO	AMPLIA GAMA VOCACIONAL	DIFÍCILES DE COMPLACER
	LIDERAZGO	NEGATIVO
	INICIATIVA	SE DEPRIME CON FACILIDAD
	PERFECCIONISTA	EXCESIVAMENTE METICULOSO
	ANALISTA	MUY CRÍTICO
C-S MELANCÓLICO - FLEMÁTICO	POCO HOSTIL	SE DESANIMA FACILMENTE
	SE LLEVA BIEN CON LA GENTE	MUY NEGATIVO
	TALENTOSO	RENCOROSO Y VENGATIVO
	PERFECCIONISTA Y EFICIENTE	ANSIOSO Y TEMEROSO
	CAPAZ	TERCO Y RÍGIDO
	COMPETENTE	

PREGUNTAS Y PRÁCTICA
DEL APÉNDICE 1

¿Te interesaría saber cuál es tu perfil de personalidad? Entonces visita: www.conceptosfinancieros.org/perfil y baja de nuestro sitio en Internet el archivo del Perfil de Personalidad que ofrecemos totalmente gratis. Te invito a que tú y tu pareja, si la tienes, realicen el examen y luego vean cuál es el perfil predominante de cada uno. Una vez que sepas cuál es el perfil de cada uno, pueden aprender a complementarse, en vez de competir el uno con el otro al momento de manejar el dinero.

1. Escriban el perfil predominante de cada uno de ustedes y las características más destacadas.

ÉL: _____	ELLA: _____

2. Piensen, mediten y respondan:
   a. ¿Por qué no nos entendemos al momento de tomar decisiones económicas?
   b. ¿Cómo podemos ayudarnos?
   c. ¿Qué reglas podríamos implementar en casa para complementarnos?
   d. ¿Quién es el mejor dotado para hacer el trabajo de administración de las finanzas del hogar? (Nota: esto se refiere a llevar las cuentas y asegurarse de que todos los pagos se hacen a tiempo.)

NOTA: Para las melancólicas, conscientes e investigadoras de corazón y para todas las de carácter melancólico que, por supuesto, desean obtener más información y detalles sobre el tema, pueden visitar el sitio http://enchiel.blogspot.com/2007/07/que-tipo-de-temperamento-es-usted.html.

APÉNDICE 2

PLAN PARA CONTROLAR LOS GASTOS

A continuación encontrarás el desarrollo y los pasos a seguir para establecer un plan de finanzas para ti y tu familia.

1. Dedica todo un día, dos veces al año.

Establece una cita de acá a 30 días con tu cónyuge (si es que tienes uno) o con una persona que te pueda dar una ayuda desinteresada con tus planes financieros. Probablemente vas a necesitar tomar todo un día de vacaciones o un fin de semana. La primera sesión de planeamiento no es difícil, pero lleva tiempo. Necesitas hacer esa cita de acá a no menos de 30 días porque vas a necesitar juntar información sobre cómo estás gastando realmente el dinero. Para eso, vamos a hacer un ejercicio:

Primero, toma una cajita cualquiera (puede ser una de zapatos), y colócala en la cocina de tu casa. Cada vez que hagas alguna compra, pide un recibo. Luego, lleva el recibo a tu casa y colócalo dentro de la cajita. Si en tu país o en el área donde vives no se acostumbra a dar recibos, simplemente lleva unos papelitos en el bolsillo y cuando hagas una compra escribe qué fue y cuánto costó. Por ejemplo: "comida = $100" o "zapatos = $50".

En la reunión que tendrán con tu cónyuge o persona de confianza el mes que viene, saquen los papeles de la caja, divídanlos por categorías (las que están en el formulario que mostraré más adelante), y entonces tendrán una idea más clara sobre en qué se gasta el dinero y a dónde se va.

Debes hacer lo mismo si tienes un negocio o una microempresa. Simplemente ajusta el nombre de las categorías para que estén de acuerdo con el tipo de gastos que tú tienes.

Conviene revisar los cálculos del plan cada tres a seis meses, para asegurarse de que se ajusta a los cambios de ingresos y los cambios de precios del país.

2. Compara tus gastos con tus entradas. En este punto tal vez te darás cuenta si estás gastando más de lo que ganas. Recuerda que el secreto para el manejo de las finanzas familiares no está en la cantidad que ganamos, sino en la cantidad que gastamos. Recuerda que el hombre es un "animal de costumbre" y puede acostumbrarse a vivir con 200, 500 ó 1000 dólares por mes.

Hay una ley "casi" natural en el manejo de las finanzas: nuestro nivel de gastos invariablemente se incrementa en relación directamente proporcional a nuestras entradas. Básicamente: ¡cuanto más ganamos, más gastamos! Aunque nos hayamos prometido que íbamos a ahorrarnos el aumento de sueldo que nos proporcionó nuestro jefe hace tres meses atrás.

3. Compara tus gastos con nuestros gastos sugeridos (únicamente para los que viven en Canadá, los Estados Unidos o Puerto Rico).

Nosotros te proporcionaremos en esta sección los porcentajes de un plan sugerido por Cultura Financiera para una familia tipo en Canadá, los Estados Unidos o Puerto Rico. Cuando yo llegué a vivir a los Estados Unidos, no sabía cuanto se suponía que tenía que gastar en cada categoría, y eso me trajo bastantes problemas.

En cada país hay un plan sugerido por el gobierno. Generalmente el Departamento o Ministerio de Hacienda o Economía es el que presenta y define cuánto debería estar gastando una familia tipo en la canasta familiar básica.

4. Establece un plan personalizado. Debes comparar tu plan con el que sugerimos nosotros y luego establecer uno personalizado. Lo importante es que tengas un plan que esté ajustado a los gastos de tu propia familia (o de tu propia persona, como individuo), y que sobre todo, cuando sumes todos los porcentajes de tu plan personalizado equivalga al 100% de tu dinero disponible y no al 110, 120 ó 130%.

¿Cómo se arma este plan?

Lo primero que tenemos que hacer cuando armamos un plan de control de gastos es dividirlo en dos áreas: ingresos y egresos. Vamos a empezar tomando nota de nuestros ingresos.

Ingresos

Contesta a la pregunta: ¿Cuánto está entrando a nuestra casa? Toma una hoja de papel, escribe la palabra "Ingresos" y anota toda la información que se pide a continuación. O bien, puedes llenar las casillas en la planilla de ingresos que te estamos proporcionando.

1. ¿Cuánto dinero trae a casa el esposo? Vamos a escribir la cantidad real que trae a casa, sin tener en cuenta aquella porción que corresponde a "César", es decir, la de los impuestos. Si trabajas por cuenta propia, vas a tener que deducir los impuestos que debes pagar con cada entrada de dinero. Por ejemplo, si tú vendes cosas en la calle y llevas regularmente $3.000 a casa, sabiendo que a fin de año debes pagar el 30% de ese dinero al gobierno, coloca solamente 2.000 en el casillero, porque 1.000 le corresponderán al gobierno, no son tuyos.

2. ¿Cuánto trae la esposa? Anota todas las fuentes de ingresos de dinero que tú tengas.

3. ¿Cuánto ganamos con nuestro propio negocio? Muchas familias latinoamericanas, a pesar de que tienen un trabajo regular de 40 ó 45 horas por semana, también tienen un pequeño negocio familiar. Si tienes esa entrada extra, ¿a cuánto equivale cada mes? (recuerda quitar los impuestos). Si no ganas siempre lo mismo en tu negocio, entonces suma todas sus entradas de los últimos 6 meses y divídelo por 6 para calcular el promedio de ganancias. La otra alternativa es tomar el mes de menor ganancia durante el último año y usarlo como referencia para el plan.

4. ¿Cuánto estamos recibiendo de alquiler? Muchas familias compran una casa donde vivir y alquilan una parte de ella. Otros, han comprado casas para alquilar como un negocio personal o familiar ¿cuánto están recibiendo en alquileres? (también, en muchos lugares del continente, debemos recordar que debemos pagar impuestos al gobierno por los alquileres recibidos).

5. ¿Cuánto estás recibiendo de intereses en el banco? Quizás tienes un depósito en el banco y estás recibiendo una cantidad importante en forma mensual.

6. ¿Hay alguna otra entrada de dinero en forma regular todos los meses? En los Estados Unidos las familias reciben un retorno de impuestos por parte del gobierno una vez al año. A veces algunos de nosotros recibimos dinero de vuelta del gobierno por los impuestos que hemos pagado de más. Si recibes una cantidad importante de dinero por parte del gobierno o de algún otro recurso una vez al año, te recomiendo que tomes ese dinero y lo dividas por 12, de esta manera sabrás cuánto de ese dinero deberías gastar cada mes.

Otra de las opciones es tomar ese dinero y hacer una inversión única en el año, como arreglar la casa o pagar por anticipado parte de la deuda de la hipoteca de la casa.

Ahora, suma todas estas cantidades.

Cantidad de dinero que trae a casa el esposo
en un mes: _____

Cantidad de dinero que trae a casa la esposa
en un mes: _____

Otras entradas de dinero (alquileres,
inversiones, etc.):   _____
(suma todas las cantidades)

Total de entradas de la familia en un mes: _____

Ahora, al total de entradas de la familia, réstale los impuestos que deberías pagar y que el gobierno todavía no ha recibido (como, por ejemplo, el impuesto a las ganancias por el negocio personal o familiar).

Total de entradas de la familia en un mes: _____

Menos Impuestos: _____

Total de Entradas Netas: _____

Una vez que hayas calculado tus entradas netas, réstale las contribuciones, regalos, donaciones, diezmos, que dispones para actos de caridad y la cantidad que darás a tu iglesia o parroquia. De esta manera, le estaremos dando a "César" lo que es de César y a Dios lo que es de Dios.

Algunas personas me preguntan: "¿Debo dar a Dios del neto o del bruto?" Alguien dijo por allí: "¡Nunca des del neto, bruto!". Aprende a dar a Dios de tus primicias, o sea del mismo lugar del cual César toma su porción. Una vez realizada esta resta, lo que queda es lo que nosotros llamamos el "dinero disponible" (lo abreviaremos con la sigla D.D.).

Total de entradas netas de la familia: _____

Menos diezmos, ofrendas, donaciones: _____

Total del dinero disponible (D.D.):   _____

De ahora en adelante vamos a trabajar con ese dinero disponible. Esta es la cantidad que tienes para gastar cada mes. Es muy típico que en los Estados Unidos me digan: "Andrés, yo gano 20.000 ó 30.000 al año". Eso no es muy cierto, porque en realidad, si esa persona gana 30.000 al año, lo que lleva a su casa y tiene para gastar es 20.000, 22.000 ó 24.000, no 30.000.

Al gobierno le pertenece entre el 15 y el 30% de nuestro salario y, si hemos decidido dar a Dios otro 10%, en realidad, el dinero disponible es de solamente unos 18.000 a 20.000 mil al año. El problema es que, cuando llegamos a los Estados Unidos, ¡gastamos como si tuviéramos los 30.000 para nosotros!

En el siguiente paso, vamos a colocar la hoja de ingresos aparte y vamos a empezar a trabajar para ver en que se nos va el dinero. Dividiremos nuestros gastos en 12 ó 13 categorías. Entre ellas estarán: el transporte, la casa, la comida, la cuenta de ahorro, las deudas, la recreación, la vestimenta, la salud, los seguros, y por supuesto, los famosos "gastos varios" que son como un barril sin fondo: ¡sólo Dios sabe qué pasa con ellos!

Entonces, para resumir:

- Debemos aprender a planear porque no somos millonarios. Los millonarios se pueden dar el gusto de gastar y de perder millones por aquí y por allá, pero tú y yo no podemos hacer eso.
- Todos tenemos un plan en mente, lo que estamos haciendo ahora es ponerlo sobre el papel.
- Vamos a tomar un día entero con nuestro cónyuge o con alguien de confianza para hablar de este asunto económico de aquí a 30 días.
- Vamos a guardar los recibos durante este próximo mes en una cajita de zapatos para poder tener una idea más concreta de cuánto gastamos, especialmente en el área de las misceláneas.
- Vamos a colocar en una hoja de papel cuánto son, realmente, los ingresos que tenemos disponibles para gastar cada mes en el hogar.

PLAN PARA CONTROLAR GASTOS

Implementación práctica

Escribe tus entradas de dinero, en la siguiente planilla:

Planilla de Ingresos Mensuales

Ingresos

¿Cuánto trae a casa el esposo?	$ _____	Anota la cantidad de dinero que realmente traes al hogar, después de que te dedujeron los impuestos gubernamentales.
¿Cuánto trae a casa la esposa?	$ _____	Lo mismo que el punto anterior.
¿Cuánto ganan con su negocio propio?	$ _____	Cantidad de dinero en promedio mensual que se trae al hogar. No se olviden de deducir los impuestos correspondientes antes de colocar la cantidad.
¿Cuánto reciben de alquiler?	$ _____	Si no están alquilando nada a nadie, dejen la casilla en blanco.
¿Cuánto reciben en intereses del banco?	$ _____	Si la cantidad es apreciable y suficiente como para hacer un impacto en el plan mensual.
¿Hay alguna otra entrada de dinero?	$ _____	Si es esporádica, trata de establecer un promedio mensual. Si les devolverán de sus impuestos, dividan esa cantidad que esperan por 12.
SUMA TODAS LAS CANTIDADES	$ _____	Estas son las entradas de dinero después de haber pagado sus impuestos.
Réstele a la cantidad anterior los impuestos	$ _____	

Réstale a la cantidad anterior tus donaciones	$ _____	Recordemos que mejor es dar que recibir... ¡Aprendamos a dar!
Este es su DINERO DISPONIBLE (D.D.)	$ _____	Esta es la cantidad de dinero con la que tienes que aprender a vivir.

Egresos (Gastos)

Divide los gastos que tengas en 12 ó 13 categorías:

Auto/Transporte: _____

Vivienda: _____

Comida: _____

Deudas: _____

Entretenimiento: _____

Vestimenta: _____

Ahorros: _____

Gastos médicos: _____

Seguros: _____

Otros gastos: _____

TOTAL: _____

Descripción de los gastos

1. Auto/Transporte. Tenemos que ver cuánto estamos gastando
en trasporte, ya sea propio o público (autobús, tren subterráneo, etc.). En
Latinoamérica el precio de la gasolina a veces es tan alto que los gastos
de transporte pueden llegar a ocupar una parte significativa dentro del
plan familiar. En otros países, como los europeos y los Estados Unidos,
el transporte público puede ser bastante costoso.

Entonces, coloca en la categoría de Auto/Transporte cuánto estás
gastando de promedio en gasolina, aceite, reparaciones (de pronto no
gastas dinero en aceite o en reparaciones todos los meses, pero puedes
usar un promedio), impuestos y seguros. Lo mejor es reducir todos estos
gastos a nivel mensual.

Por ejemplo, aunque uno no repare el auto todos los meses, uno debe
tener una idea de cuánto está gastando, de promedio, en reparaciones.
Para encontrar ese promedio, simplemente calcula cuánto gastaste en
arreglar el auto en los últimos 12 meses y divide esa cantidad por 12.
Lo mismo ocurre con el mantenimiento.

Si no tienes vehículo ¿cuánto estás gastando en transporte público?
O, quizás, estás viajando con alguna otra persona, en el automóvil de
alguna amistad, y le das una cierta cantidad de dinero cada mes para
ayudarle con los gastos de mantenimiento del auto. Eso se acostumbra

mucho en algunos países de nuestro continente: el que una persona maneje y cuatro o cinco personas viajen con ella, para luego, a fin de mes cooperar con los gastos de gasolina.

En Cultura Financiera recomendamos que en los Estados Unidos no se gaste más del 15% de su D.D. (dinero disponible: salario menos impuestos y donaciones) en los gastos de transporte público o personal.

Gastos de transporte/ automóviles		Coloca aquí el promedio mensual de todos los gastos de transporte que tengas. No tiene que ser "perfecto", escribe una aproximación de los gastos. Tus cálculos mejorarán con el paso del tiempo. Incluye los boletos de tren y autobús. Si tienen más de un vehículo, sumen los gastos de los dos y colóquenlos juntos.	*Un consejo amigo...* ¿Cuál es tu dinero disponible? D.D.=_____ Multiplica esa cantidad por 0,15 _____ (D.D.) x 0,15 Coloca abajo el resultado... (En los Estados Unidos esta es la cantidad de dinero que deberías estar gastando en transporte
	$ _____		
Pagos mensuales del auto	$ _____		
	$ _____		
Impuestos	$ _____		
Gasolina	$ _____		
Aceite	$ _____		
Seguro del auto	$ _____		
Reparaciones (promedio)	$ _____		
	$ _____		
Mantenimiento (promedio)	$ _____		
Transporte público	$ _____		
	$ _____		
Otros gastos	$ _____		
Suma todas las cantidades: (Este es el total de gastos de transporte que tienes).			

2. Vivienda. ¿Cuánto estás gastando en tu vivienda? Si estás alquilando, probablemente estés gastando menos en vivienda que si tienes casa propia. Sin embargo, eso no es siempre verdad. Especialmente cuando uno tiene beneficios impositivos del gobierno o se ha involucrado en algún plan gubernamental para proveer casas a bajo costo a la población.

A veces, sin embargo, el mantenimiento de una casa puede ser bastante costoso. Donde las casas son de cemento y ladrillo se requiere de un menor mantenimiento. En aquellos países donde las casas se construyen utilizando mucha madera y yeso, los gastos pueden ser más altos. En cualquiera de los casos, esta es una categoría muy importante. En general, la vivienda, junto a la comida y el transporte son las áreas de mayor gastos del Plan. La mayoría de las personas con problemas financieros que aconsejamos tienen dos problemas básicos: Han comprado "demasiada" casa o se han comprado "demasiado" auto.

Stanley y Danko dicen que si tú no eres millonario, pero quieres serlo algún día, puedes imitar su actitud con respecto a la compra de sus casas: "nunca compres una casa que requiera una hipoteca que sea más del doble de tu salario anual".[1] Entonces, si entre tú y tu cónyuge ganan $50.000 al año, tu hipoteca no tendría que ser más de $100.000. Así se comportan los millonarios en los Estados Unidos.

Cuando consideramos los gastos de la vivienda, lo primero que tenemos que escribir es cuánto estamos pagando de alquiler o de hipoteca.

¿Hay impuestos o seguros? A veces el seguro, el impuesto y el pago de la casa se hacen juntos en un solo pago. Nosotros te recomendamos que no dividas las cantidades, sino que coloques una sola cantidad en el casillero destinado a la hipoteca o al alquiler.

¿Cuánto estás gastando cada mes en servicios como la luz, el gas, el teléfono, el agua, el cable, la Internet, etc.? Si estás pensando en hacer un proyecto especial de construcción, ¿cuánto estarías pagando, de promedio, cada mes en los próximos 12 meses?

Algunas ciudades cobran mensualmente a todos los dueños el barrido de las calles, la limpieza y la recolección de la basura. Coloca todos los gastos que están asociados con el mantenimiento de tu casa en esta categoría.

Una palabra para los latinoamericanos que viven en los Estados Unidos

Nosotros te recomendamos que no asignes más del 38–40% de tu D.D. para tu casa. Si vives en una gran ciudad, seguramente estarás pensando: "¡El 38% de mi dinero disponible! ¡Con lo caro que es vivir en Nueva York, Chicago o Los Ángeles!" Es verdad. Sin embargo, el

1.   Thomas J. Stanley y William D. Danko. *The Millionaire Next Door, The Surprising Secrets of America's Wealthy*. New York: Pocket Books, StaMill, págs. 196, 257.

problema no es que las casas estén caras en Nueva York, Chicago o Los Ángeles... el problema es que tú ¡no ganas lo suficiente para vivir en esas ciudades! De pronto vas a tener que ir a vivir a un estado, una ciudad donde una casa es más económica. Si tú gastas más del 38% de tus entradas de dinero en los gastos de la casa, estás gastando demasiado. No te va a quedar dinero para otras cosas que son también esenciales. Necesitas pensar en mudarte e irte a vivir a un lugar más barato. También puedes buscar alternativas creativas a tus gastos de vivienda. Por ejemplo, puedes alquilar parte de tu casa, puedes comprar la casa en sociedad con otra familia y pagar la mitad cada uno, puedes alquilarla mientras pagas la hipoteca (permitiendo que se pague sola) y tú puedes alquilar en algún lugar mucho más barato por algún tiempo, puedes construir tu casa de a poco, en la medida en la que las leyes de tu estado y tu dinero te lo permitan.

Gastos de vivienda		Coloca aquí todos los gastos de tu vivienda. Si los impuestos y el seguro vienen incluidos en el pago de la hipoteca, escribe el pago mensual total que haces y deja en blanco los otros renglones.	*Un consejo amigo...*
Alquiler	$ _____		¿Cuál es tu dinero disponible?
Hipoteca	$ _____		
Impuestos	$ _____		D.D.= _____
Seguros	$ _____		Multiplica esa cantidad por 0,38
Luz	$ _____		
Gas	$ _____		(D.D.) x 0,38
Teléfono	$ _____		Coloca abajo el resultado. (Esta es la cantidad de dinero que deberías estar gastando en vivienda como máximo.)
Agua	$ _____		
Mantenimiento	$ _____		
Cable	$ _____		
Internet	$ _____		
Proyectos	$ _____		
Otros gastos	$ _____		
	$ _____		
	$ _____		
Suma todas las cantidades. Este es el total de gastos de vivienda que tienes.			

3. Comida. ¿Cuánto estás gastando en alimentos? Escribe cuánto más o menos estás gastando en comida mensualmente. Más o menos entre el 12 y el 15% de tus entradas de dinero deben ir a parar a la comida. A veces un poco más, a veces un poco menos. En general a los latinos nos gusta comer, y nos gusta comer bien. Por eso, cuando nos mudamos a los Estados Unidos gastamos más de lo que gastarían los estadounidenses en general. Dicen algunas estadísticas que en los Estados Unidos los latinoamericanos, cuando vamos al mercado, gastamos un 30% más que la gente anglosajona y por eso es que los dueños de los supermercados ¡nos aman!

Si observas los comerciales de televisión, vas a notar que los mejores comerciales son los que tienen que ver con la comida y con las bebidas. Nuestra recomendación, entonces, para los que viven en los Estados Unidos: no más del 15% de tus entradas de dinero deben ir a parar a los alimentos.

Un dato muy importante: Si vives en los Estados Unidos y estás gastando más del 75% de tus entradas de dinero entre los alimentos, el transporte y la casa, te advierto que tienes serios problemas.

Algo debe cambiar en tu plan, porque si estás gastando más de ese porcentaje, no te está quedando la suficiente cantidad de dinero para las otras 8 ó 9 categorías que todavía nos quedan por delante.

Lo importante en un plan familiar no son los porcentajes que te estoy sugiriendo. Por ejemplo, estuve hace poco en Guatemala y, de acuerdo a un estudio realizado recientemente los guatemaltecos están gastando alrededor del 37% de sus ingresos en alimentos y bebidas. Pero solamente el 21,6% en vivienda. Esto se debe a que en diferentes países la estructura de los gastos también es diferente.

Lo importante es que tú le asignes a cada una de las categorías algún determinado porcentaje de tu D.D., y que cuando sumes todas las categorías te den el 100% o menos (no el 110, ni el 120 o el 130%).

Por otro lado, es imperante la participación de ambos cónyuges en el proceso de decisión sobre la asignación de esos porcentajes. Si el Plan es solamente el producto de un sólo miembro de la pareja, créeme, estás perdiendo el tiempo.

LA MUJER QUE PROSPERA

Comida	$ _____	Incluye todos tus gastos en alimentos. No incluyas artículos de limpieza (esos van en los gastos varios). Si los incluyes, debes disminuir el porcentaje de "gastos varios". No incluyas comidas afuera de la casa. Esas son parte de "recreación y entretenimiento".	*Un consejo amigo...* ¿Cuál es tu dinero disponible? D.D.=_____ Multiplica esa cantidad por 0,15 _____ (D.D.) x 0,15 Coloca abajo el resultado... (Esta es la cantidad de dinero que deberías estar gastando en comida como máximo.
Repite aquí la cantidad que gastas en comida			

4. Cuenta de ahorros. ¿Cuánto estás colocando en tu cuenta de ahorros todos los meses? Coloca en el espacio correspondiente cuánto estás ahorrando con regularidad. ¿Tienes que poner un "0" bien grande? ¡En el futuro habrá que cambiarlo!

Si puedes, abre una cuenta de ahorros y comienza a ahorrar ya mismo. Y si no, haz lo que hacía mi abuela: usa el colchón de tu cama o una latita donde empezar a colocar algo de dinero en forma regular. Lo importante no es la cantidad, sino que empieces a hacerlo.

Piensa: ¿puedes ahorrar el equivalente a 5 dólares por mes? No importa que parezca poco... ¡empieza por algún lado! Mi esposa y yo empezamos ahorrando 5 dólares por mes hace 20 años atrás y, ahora, te puedo asegurar, ahorramos mucho más que eso. Lo importante es empezar.

Si la moneda de tu país fluctúa, empieza a ahorrar en una moneda extranjera más estable (si está permitido por las leyes de tu nación).

Es interesante notar, por ejemplo, que cuando la gente está en serios problemas de deudas nunca me dicen: "Nosotros tomamos nuestra tarjeta de crédito, vamos y gastamos todo lo que podemos en lo que se nos da la gana". Siempre me dicen: "Estamos en deuda en nuestra tarjeta de crédito (o con nuestros parientes), porque surgió algo inesperado".

Yo creo que lo inesperado no sería tan inesperado ¡si lo estuviéramos esperando! Si has estado ahorrando con regularidad, cuando llegue lo inesperado, uno puede ir y tomar esos ahorros evitando que el golpe económico sea tan fuerte.

> Tu meta debe ser tener en una cuenta de ahorros o en dinero en efectivo el equivalente a unos dos o tres meses de salario acumulado (ese es tu "colchón" financiero).

Yo sé que no lo vas a poder juntar de la noche a la mañana. Pero esa debe ser tu meta en cuanto a ahorros se refiere. "Hombre prevenido, vale por dos", dice un refrán popular. En cuanto a lo financiero, creo que "mujer prevenida" debe valer, por lo menos 3,75 ¡más intereses!

Ahorros			Un consejo amigo...
	$ _____	Incluye solamente los ahorros que haces en dinero en efectivo. Las inversiones deben ir en otra parte de tu plan, al final.	¿Cuál es tu dinero disponible? D.D.=_____ Multiplica esa cantidad por 0,05 _____ (D.D.) x 0,05 Coloca abajo el resultado... (Esta es la cantidad de dinero que deberías estar ahorrando, mes tras mes, como mínimo).
Repite aquí la cantidad que ahorras al mes			

5. Deudas. En esta categoría escribe todos los pagos de deudas y préstamos que estás haciendo mensualmente. Por ejemplo: si tienes una tarjeta de crédito con una deuda de $1.000 y estás pagando $100 todos los meses, coloca en esta categoría $100 (el pago mensual y no la deuda total). Si le has pedido dinero a tu padre o a algún otro pariente y estás pagando la deuda en forma regular, coloca en el casillero cuánto estás pagando mensualmente (por lo menos, de promedio). Si tienes una cuenta de fiado o si, por ejemplo, compraste un televisor a pagar en cuotas, coloca allí la cantidad del pago mensual.

Ahora, suma todos los pagos de tus deudas y colócalo en el casillero correspondiente. Nuestra recomendación para los que viven en los Estados Unidos es que no más del 5% de su D.D. (dinero disponible) debería ir al pago de deudas.

Pago de deudas		Escribe el pago promedio o el pago mínimo que estás realizando mensualmente para saldar todas tus deudas. Aquí no se debe incluir el pago de la casa ni el pago del auto.	*Un consejo amigo...*
Tarjetas	$ _____ $ _____ $ _____ $ _____		¿Cuál es tu dinero disponible? D.D.=_____ Multiplica esa cantidad por 0,05
Préstamos	$ _____ $ _____		
	$ _____ $ _____		(D.D.) x 0,05
Fiado	$ _____ $ _____ $ _____ $ _____ $ _____		Coloca abajo el resultado... (Esta es la cantidad de dinero que deberías estar pagando, mes tras mes, como máximo en tus pagos mensuales de deudas).
Suma todas las cantidades. Estos son tus pagos mensuales de deudas.			

6. Recreación. Con gastos de recreación me refiero a las salidas en forma regular. En estos años, la generación que nació entre 1960 y 1970 está saliendo mucho más que la generación de los años 1930, 1940 y 1950. En aquellas épocas la gente salía muy poco a comer a restaurantes, pero hoy se sale mucho más a comer, a pasear e incluso de vacaciones.

Los gastos de recreación han subido un 300% desde 1970. Mi recomendación es que separes algo de dinero todos los meses para gastar en entretenimiento y que guardes otra cierta cantidad de dinero cada mes para ahorrar para las vacaciones.

Escribe, entonces, en el casillero correspondiente, la cantidad de dinero que gastaste en tus últimas vacaciones dividido por 12. A eso, súmale lo que gastas todos los meses en salir a pasear o comer solo o con la familia. En los Estados Unidos, no más del 4% de tu D.D. debería ir a la recreación.

| Gastos de entretenimiento y recreación

Vacaciones

Restaurantes

Salidas de paseo

Otros entretenimientos | $ _____
$ _____
$ _____
$ _____
$ _____
$ _____
$ _____
$ _____
$ _____ | Escribe el costo total de las últimas vacaciones dividido por 12, para que te dé el promedio de dinero mensual que debes separar para ese gasto.

Escribe cuánto gastas mensualmente en salir a pasear, en comer en restaurantes y en otros entretenimientos. | *Un consejo amigo…*

¿Cuál es tu dinero disponible?

D.D.=_____

Multiplica esa cantidad por 0,04

_____

(D.D.) x 0,04

Coloca abajo el resultado… (Esta es la cantidad de dinero que deberías estar gastando, mes tras mes, en entretenimiento y recreación). |
| Suma todas las cantidades. Estos son tus gastos mensuales de recreación. | | | |

7. Ropa. Es importante separar con regularidad algo de dinero para comprar ropa. Quizás no compramos vestimenta todos los meses, pero es importante que cada mes tengamos una cierta cantidad de dinero que podamos separar para esta categoría.

cada mes. Cuando llega el momento de comprar lentes, tenemos el dinero ahorrado.

> Deberías tener una cajita o un sobre donde estés poniendo dinero todos los meses para la ropa. Así, cuando llegue el momento de comprar zapatos para los niños o ropa para ti o cualquier cosa que tenga que ver con la vestimenta, no sacarás de la comida para comprarlo.

En los Estados Unidos no más del 4% del D.D. debería ser gastado cada mes en el área de la vestimenta.

Gastos de vestimenta	$ ____	Escribe la cantidad que gastas mensualmente, de promedio, en vestirte a ti y vestir a tu familia (si la tienes).	Un consejo amigo... ¿Cuál es tu dinero disponible? D.D.=____ Multiplica esa cantidad por 0,04
			(D.D.) x 0,04 Coloca abajo el resultado... (Esta es la cantidad de dinero que deberías estar gastando, de promedio en vestimenta).
Repite aquí la cantidad que gastas al mes en vestimenta			

8. Salud. ¿Cuánto estás gastando todos los meses, de promedio, en médico, en dentista o en medicinas? ¿Estás comprando algún medicamento en forma regular? En casa, por razones médicas, usamos lentes de contacto descartables. Cada cuatro meses debemos comprar lentes nuevos. Lo que hacemos es tomar el gasto que tenemos cada 4 meses, dividirlo por 4 y colocar ese dinero aparte en nuestra cuenta de ahorros

Puede que también tengas ese tipo de gastos. Cada cierta cantidad de tiempo quizás tienes que comprar alguna medicina o asistir al doctor con regularidad. Si el gasto es cada 3 meses, divídelo por 3 y colócalo en el casillero; si es cada 4, divídelo por 4.

Si tienes una cobertura o seguro médico es importante que anotes la cantidad que pagas de seguro de salud dentro de esta categoría. En los Estados Unidos no recomendamos que más del 5% de tu D.D. vaya a los gastos relacionados con la salud.

Gastos de salud		Escribe la cantidad que gastas mensualmente, de promedio, en la salud personal o familiar.	*Un consejo amigo...*
			¿Cuál es tu dinero disponible?
Pagos a los médicos	$ _____		D.D.= _____
Gastos de dentista	$ _____		
Compra de medicina	$ _____ $ _____		Multiplica esa cantidad por 0,05
Cuota del Seguro de Salud	$ _____		_____ (D.D.) 0,05
Compra lentes de contacto	$ _____ $ _____		Coloca abajo el resultado... (Esta es la cantidad de dinero que
Otros gastos de salud	$ _____ $ _____		deberías estar gastando, de promedio en salud).
Suma todas las cantidades. Estos son tus gastos mensuales de salud.			

9. Seguros. ¿Tienes un seguro de vida? Lo importante no es tener un seguro de vida sino estar seguro de que al final de tus días, hay en algún lugar suficiente cantidad de dinero como para dejar todas tus cuentas cerradas.

Todos debemos tener un plan para, por lo menos, cerrar cuentas pendientes, pagar deudas, proveer para el entierro y para el futuro de nuestros hijos o hijas. En muchos países esto se hace con un seguro de vida. Piensa en tu caso particular. Si no puedes comprar un seguro, por lo menos, ¿tienes un plan?

Supe de un caso en los Estados Unidos donde un difunto estuvo cinco días en el comedor de su casa porque nadie lo quería enterrar. La compañía que estaba a cargo del entierro quería, por lo menos, el 50% del dinero por adelantado y la viuda no tenía un peso. Enterrar al hombre costaba casi 5.000 dólares y había que pagar, por lo menos, 2.500 dólares antes de tocar al muerto. Así que allí se quedó este señor: en el comedor de su casa hasta que varias iglesias de la zona se enteraron y juntaron los 2.500 dólares necesarios para resolver la situación. Les tomó 5 días juntar el dinero y pagarle a la empresa para que enterraran al hombre.

Uno diría: "Pobre hombre, que terrible la compañía funeraria" ¡Pues, no! Yo diría: "Pobre mujer". Ese hombre fue un total irresponsable. Porque él sabía muy bien los costos del entierro de una persona, y podría haber obtenido una cobertura a través de su trabajo. En los Estados Unidos el costo de un seguro de vida es extremadamente barato comparado con el sueldo que se recibe. Con dos o tres horas de trabajo al mes podría haberlo pagado. La falta de previsión de este hombre dejó en la pobreza a su esposa.

Si tú eres la única fuente de entradas de dinero en tu hogar, debes pensar seriamente cómo manejar el asunto de tu partida de este mundo. Lo que pasa, es que no nos gusta hablar de la muerte. Creemos que si hacemos arreglos para cuando nos vayamos a morir nos va a traer mala suerte. ¡Todo lo contrario! La cuestión con respecto a la muerte no comienza con un "si me muero...", comienza con "cuándo...".

Entonces, ¿cómo quieres que te recuerden en tu funeral? ¿Como una esposa y madre sabia, previsora y amante de los suyos o como una irresponsable que dejó a su familia en aprietos económicos?

Nosotros debemos tener una cantidad suficiente de seguro de vida para dejar las cosas en orden. No es tan caro como pensamos y demuestra una actitud de madurez y responsabilidad de nuestra parte. Si eres dueña de una microempresa, deberías estar pensando en un seguro de vida.

Aquí hay algunas preguntas que me gustaría hacerte:

¿Tienes un seguro de vida?   Sí _____ No _____

Si lo tienes, ¿saben tus beneficiarios
    que lo tienes?   Sí _____ No _____

¿Cuál es el valor total de tu póliza de seguro
    de vida?   _____

¿Es suficiente para cubrir tus gastos de entierro,
    pagar todas tus deudas y proveer para las
    metas educacionales de tus hijos o hijas?   Sí _____ No _____

En los Estados Unidos, multiplica tus entradas anuales por 5 para estimar una cantidad al considerar adquirir una póliza de seguro por fallecimiento.

Si no tienes un seguro de vida, escribe el nombre de un par de compañías respetables, sus números telefónicos y cuándo tendrás un entrevista para contratarlo:

Nombre de la empresa de seguros	Teléfono	Fecha de la entrevista

Nota: El seguro de vida no representa una "falta de confianza en la provisión de lo Alto" (lo aclaro, porque me lo han preguntado en varias oportunidades). Al contrario, ten presente que el seguro de vida no es una lotería, sino que es un "fondo común" entre varias personas para ayudarse a proveer para sus necesidades en caso de alguna emergencia. Representa la inversión de tu capital durante la época de las "vacas gordas" para proveer durante la época de las "vacas flacas". Es ser una persona previsora como la hormiga, que guarda durante el verano para proveerse durante el invierno. Es ser "avisado".[2]

2. Ver el Libro de los Proverbios, capítulo 22, verso 3. Rey Salomón. Libros Sapienciales. Siglo X a.C.

Costos de seguros		Escribe la cantidad que pagas mensualmente, en seguros. No debes incluir el seguro de salud, el de la casa ni el del auto, porque ya están incluidos en otras categorías.	*Un consejo amigo...* ¿Cuál es tu dinero disponible? D.D.=_____ Multiplica esa cantidad por 0,05 _____ (D.D.) 0,05 Coloca abajo el resultado. (Esta es la cantidad de dinero que deberías estar pagando, como máximo, en seguros).
Seguro de vida	$ _____		
Otros seguros	$ _____		
	$ _____		
	$ _____		
	$ _____		
	$ _____		
	$ _____		
Suma todas las cantidades. Estos son tus pagos mensuales de seguros.			

10. Gastos varios. Los gastos varios son como un barril sin fondo. Allí se va toda la cantidad de dinero que le pongamos.

¿Qué son gastos varios? Son suscripciones a diarios, revistas, cosméticos, gastos de peluquería, lavandería, tintorería, comidas en el trabajo, barbería para los varones, cuotas de clubes, pasatiempos, gastos de cumpleaños, aniversarios, regalos de Navidad, etc.

Algunos de nosotros estamos ayudando a nuestros padres, a otros miembros de nuestra familia extendida en forma regular. Si este es tu caso lo podrías colocar en el área de los gastos varios.

Colocamos en gastos varios el dinero en efectivo que gastamos en dulces o en darnos un gusto de vez en cuando. Incluye, básicamente, cualquier gasto que no hemos considerado anteriormente.

El control de nuestros gastos varios es crítico para poder llegar a fin de mes.

Una vez que los gastos fijos como la vivienda, los seguros, el transporte, los ahorros y los pagos de deudas están dentro de los límites del plan, no hay mucho de qué preocuparse. Si están dentro de esos límites, allí se van a quedar (porque son "fijos").

No ocurre lo mismo con los gastos misceláneos. Esos gastos son extremadamente variables y nos resulta muy difícil controlarlos. Por eso, debemos ver (con la cajita de zapatos) cómo se nos va el dinero en estos gastos y colocarles un "tope". A partir de hoy, tú vas a asignar una cierta cantidad de dinero para gastar en gastos varios y, cuando se te acabe ese dinero, debes comprometerte a dejar de gastar.

Esa será la única forma de controlar tu plan y los gastos que tienes. Si no lo haces, nunca llegarás a fin de mes.

Nuestra recomendación para los que viven en los Estados Unidos es que se asigne no más del 4 ó 5% del D.D. a esta área de gastos.

Gastos varios		Coloca aquí todos los gastos. Incluye aquí los regalos de cumpleaños de la familia, aniversarios y regalos de Navidad. Un consejo amigo... ¿Cuál es tu dinero disponible?	*Un consejo amigo* ¿Cuál es tu dinero disponible? D.D.=_____ Multiplica esa cantidad por 0,04 _____ (D.D.) x 0,04 Coloca abajo el resultado. (Esta es la cantidad de dinero que deberías estar gastando en gastos varios como máximo). Suma todas las cantidades. Este es el total de gastos varios que tienes cada mes.
Diarios	$_____		
Revistas	$_____		
Suscripciones	$_____		
Cosméticos	$_____		
Peluquería	$_____		
Lavandería	$_____		
Tintorería	$_____		
Almuerzos	$_____		
Cuotas clubes	$_____		
Pasatiempos	$_____		
Cumpleaños	$_____		
Aniversarios	$_____		
Navidad	$_____		
Ayuda padres	$_____		
Ayuda familia	$_____		
Envíos exterior	$_____		
Otros	$_____		
Suma todas las cantidades. Estos son tus pagos mensuales de seguros.			

Hasta aquí nuestro plan llega al 100% del dinero disponible:

Transporte	15%
Vivienda	38%
Alimentos	15%
Ahorros	5%
Deudas	5%
Recreación	4%
Vestimenta	4%
Salud	5%
Seguros	5%
Gastos varios	4%
Total de gastos	100%

Sin embargo, hemos encontrado que en diferentes países, existen diferentes necesidades, especialmente en el área educacional. Por eso, hemos agregado un par de categorías más y dado la libertad para que se sumen nuevas categorías en caso de ser necesario.

Entonces, al agregar estas categorías extras debes recordar que, en caso de usarse alguna de ellas, las que ya hemos mencionado deberán reducirse para que todavía los gastos nos puedan dar el 100% de nuestro dinero disponible.

Por ejemplo: si estás enviando a tus hijos a una escuela privada que toma el 5% de tu D.D., luego deberás disminuir los porcentajes de otras categorías como gastos médicos, deudas o transporte para poder lograr mantener tus gastos dentro del 100% de tu dinero disponible.

Las categorías "extras":
11. Cuidado de los niños. Muchas veces el esposo y la esposa trabajan y pagan a alguien que les cuide a los niños. Puedes anotar dentro de esta categoría la cantidad de dinero que gastas mensualmente en el cuidado de tus hijos e hijas.

12. Educación. Otro gasto es el área de la educación privada (incluyendo clases de música, instrumentos, gimnasia, etc.). Coloca en esta categoría todos los gastos de educación de tus hijos tanto dentro como fuera del ámbito escolar.

13. Otros gastos. Si tienes algún otro gasto que no hemos cubierto en este "plan de control de gastos", este será el lugar para incluirlo.

Categorías extra		Incluye	*Un consejo amigo...*
Cuidado de niños	$ _____	aquí todos los otros gastos que no hemos cubierto con nuestro plan original.	Recuerda disminuir el porcentaje de gastos de otras categorías del Plan principal para que, al agregar este nuevo gasto, la suma te dé todavía el 100% de tu dinero disponible.
Educación privada	$ _____		
Piano	$ _____		
Música	$ _____		
Gimnasia	$ _____		
Idiomas	$ _____		Repite aquí la cantidad que estás gastando en otras categorías no contempladas en el plan original.
Otros gastos	$ _____		
	$ _____		
Suma todas las cantidades. Estos son tus pagos mensuales de seguros.			

Ahora, suma todas las categorías, todos los totales de todas las categorías. Eso va a dar tus gastos totales de la familia. Lo que tenemos que hacer ahora, por un lado es tomar el D.D. (dinero disponible), restarle el área de los gastos, y esto nos va a dar el total de D.D. menos gastos. Esa es la cantidad con la que te estás quedando en el bolsillo al final de cada mes.

Cantidad de gastos:

Vivienda: _____

Transporte: _____

Comida: _____

Deudas: _____

Entretenimiento: _____

Vestimenta: _____

Ahorros: _____

Gastos médicos: _____

Seguros: _____

Otros Gastos: _____

Total de gastos: _____

Ahora, simplemente debemos hacer una resta:

Dinero disponible (D.D.):   _____

Menos total gastos: _____

Este es el dinero que queda: _____ (¿positivo o negativo?)

¿Te da positivo o negativo? Si es un número negativo vas a tener que hacer algún tipo de arreglo porque obviamente estás gastando más de lo que ganas. Si da positivo, ¡felicitaciones! Lo único que tienes que hacer ahora, es ajustar tu plan poniéndote de acuerdo con tu cónyuge (si lo tienes) para "pactar" cuánto se va a gastar mensualmente en cada una de las categorías.

Nuevo pacto para nuestros gastos

Cantidad de gastos AHORA	NUEVO PACTO DE GASTOS
Vivienda: _____	Vivienda: _____
Transporte: _____	Transporte: _____
Comida: _____	Comida: _____
Deudas: _____	Deudas: _____
Entretenimiento: _____	Entretenimiento: _____
Vestimenta: _____	Vestimenta: _____
Ahorros: _____	Ahorros: _____
Gastos médicos: _____	Gastos médicos: _____
Seguros: _____	Seguros: _____
Otros gastos: _____	Otros gastos: _____
Total de gastos: _____	Total de gastos: _____

¿Cómo se controla un plan?

Hay varias maneras de controlarlo. Puede ser a través de un sistema de planillas en el que cada categoría tiene su planilla. Cada vez que hacemos un gasto, escribimos en la planilla correspondiente el gasto realizado y llevamos la cuenta cada día de cómo estamos gastando nuestro dinero en cada categoría.

Ese es un sistema muy apropiado para gente detallista y gente que ama los números. En general, incluso individuos con ese tipo de personalidad están migrando rápidamente hacia la segunda manera de controlar el plan: por computadora.

Existen en el mercado un número importante de programas de computadora tanto en inglés como en español para el manejo de las finanzas a nivel individual, familiar y de negocios. Nosotros usamos uno en nuestro hogar desde comienzos de los años 1990. Nos ha dado un excelente resultado y, si tienes acceso a una computadora, te recomiendo que inviertas dinero en comprarte un programa de manejo financiero que te permitirá tener información detallada sobre tu patrón de gastos.

Busca información sobre un programa de computadora en nuestro sitio de Internet: www.conceptosfinancieros.org.

Otro sistema que también usamos en casa desde comienzos de los años 1990 y que tú puedes usar en tu casa sin necesidad de planillas ni computadoras, es el sistema de controlar gastos por sobres, y realmente funciona.

Nosotros usamos la computadora para obtener información, hacer pagos por Internet y crear informes de nuestros gastos. Sin embargo, usamos el sistema de sobres para controlar la forma en la que gastamos nuestro dinero en efectivo en las categorías que necesitamos todas las semanas.

Nuestro sistema funciona de la siguiente forma: Lo primero que debes hacer es ponerte de acuerdo en cuanto vas a gastar cada mes en cada categoría. Copia los números de la página anterior:

Nuevo Pacto para nuestro gastos:

Vivienda: _____
Transporte: _____
Comida: _____
Deudas: _____
Entretenimiento: _____
Vestimenta: _____
Ahorros: _____
Gastos médicos: _____
Seguros: _____
Otros Gastos: _____

En segundo lugar, vas a decidir cuáles de esas categorías vas a manejar con dinero en efectivo. Por ejemplo: comida, entretenimiento, gastos varios, transporte (para gasolina), etc.

El tercer paso, es dividir esos gastos mensuales en cuatro y establecer cuatro días de pago familiar. ¡No dividas el mes en cuatro semanas! porque de vez en cuando, vas a tener cinco semanas en un mes y una de las razones por las que estás armando un plan es para que tu plan sea coherente y se ajuste a este caso. Entonces, olvídate de la cantidad de semanas en el mes y de las fechas en que cobras tu salario. Simplemente asegúrate de que el dinero va a tu cuenta de banco o a un lugar de donde sacarás el dinero para gastarlo más adelante.

Trabajo ➡ **Salario $$**

A tu cuenta de banco o debajo del colchón.

Simplemente establece el día 1, el 8, el 16 y el 24 como las fechas en que irás al banco (o a tu colchón) para retirar el dinero en efectivo que necesitarán para los próximos 7 u 8 días.

Días de pago familiar:	1	8	16	24
Categorías				
Comida				
Vestimenta				
Recreación				
Transporte				
Gastos varios				

No te preocupes de los otros gastos (alquiler, gas, luz, pagos del auto, etc.). Si armaste correctamente tu plan familiar o personal de acuerdo a los parámetros que te hemos sugerido, esa parte del plan "se cuida sola". Esos gastos son casi "fijos" y la mayor cantidad de dinero que desperdiciamos se nos van a través de nuestros gastos variables y del dinero en efectivo que tenemos en el bolsillo.

Debes decidir entonces: ¿Cuánto vamos a gastar de comida? Si decidimos que vamos a gastar $400 de comida por mes. Eso quiere decir que vamos a tomar $100 cada "día de pago familiar" para comer durante los próximos 7 u 8 días. Ese debe ser un compromiso firme de nuestra parte. Si separas unos $80 por mes para la vestimenta de la familia, entonces cada día de pago, retirarás $20. Si gastas $100 en recreación, entonces retirarás $25 cada día de pago familiar.

Días de pago familiar:	1	8	16	24
Categorías				
Comida	100	100	100	100
Vestimenta	20	20	20	20
Recreación	25	25	25	<25
Transporte				
Gastos varios				

¿Te das cuenta de que aquí no importa si tú cobras semanalmente, quincenalmente o mensualmente? Lo único que importa es que tú retires del banco la cantidad que has presupuestado para vivir durante los próximos 7 u 8 días. Entonces tu única preocupación será no sacar más dinero del que te has prometido gastar. El resto del plan se cuida solo.

Suponte, entonces, que también decides que necesitas $160 por mes para gastos de transporte y unos 200 para gastos varios. Así quedará tu cuadro de retiro de dinero:

Días de pago familiar:	1	8	16	24
Categorías				
Comida	100	100	100	100
Vestimenta	20	20	20	20
Recreación	25	25	25	<25
Transporte	40	40	40	40
Gastos varios	50	50	50	50
Total de retiro	**235**	**235**	**235**	**235**

Eso quiere decir, que cada "día de pago familiar" retirarás $235 del banco para tus gastos en efectivo hasta el próximo "día de pago". Este es tu control. Ahora ya sabes que cada 7 u 8 días vas a gastar $235 en efectivo para tus gastos variables y, maravillosamente, has convertido tus "gastos variables" en ¡gastos fijos! Ahora tú tienes el control del dinero y el dinero no te controla a ti.

Para poner en práctica

Trata de definir tus gastos de dinero en efectivo para cada "día de pago".

Días de pago familiar:	1	8	16	24
Categorías				
Total de retiro				

Finalmente, debes tomar algunos sobrecitos para distribuir entre ellos el dinero en efectivo. Nosotros, en casa, usamos el "organizador efectivo" (un sistema de sobres que creamos en Cultura Financiera que se cierra como si fuera una billetera). Puedes buscarlo en www.conceptosfinancieros.org o también usar sobres comunes. A uno de los sobres le colocas la palabra "donativos"; a otro, "vivienda"; a otro, "alimentación o comida"; a otro, "automóvil" y así tendrás un sobrecito para cada categoría. Recomiendo tener un "organizador efectivo" para cada cónyuge y también una cajita de cartón para poner los sobres. Entonces, cada día de pago familiar la esposa y el esposo, se dividen el dinero.

"¿Cuánto vamos a gastar en comida?"

"Si dijimos $100, pondremos $100 en el sobrecito de comida".

Cuando alguien va al mercado, toma el sobre de la comida, y paga con el dinero que hay en él. El problema viene cuando se nos acaba el dinero de ese sobre ¡antes del siguiente día de pago! Por favor: ¡no dejes de comer!

Hay que hacer algún arreglo allí: Uno se va a ir dando cuenta de que debe aprender a manejar el dinero durante esos 7 u 8 días para que esos $100 alcancen hasta el siguiente día de pago familiar.

Lo mismo ocurre, por ejemplo, en el área del entretenimiento. Suponte que llega el domingo. Al salir de la iglesia o el club, tu amiga, Carolina, te dice: "¡Vamos a comernos una pizza!". Entonces, ¿qué haces? Sencillo: Tomas el sobrecito del entretenimiento y miras: "¿Tengo o no tengo dinero para ir a comer una pizza?".

Si no tienes dinero, entonces, le dices a tu amiga: "¿Sabes? Tendrá que ser la semana que viene, porque me he gastado todo el dinero del entretenimiento para esta semana…" Quizá, entonces, Carolina te diga: "No te preocupes, ¡yo te la pago!". Entonces, tú le dices amablemente: "¡Amén!". ¡Esa es la diferencia entre los que tenemos un plan y los que no!

Lo mismo debe ocurrir con los gastos misceláneos. Una vez que se te acabaron los "gastos varios" de la semana, no vas a poder ir a cortarte el cabello o a hacerte las uñas hasta la semana que viene. ¿Por qué? Porque ya se te acabaron los gastos misceláneos y te has comprometido a esperar hasta el próximo día de pago familiar.

Quizá vas a tener que suspender una suscripción de algún diario o revista porque has gastado demasiado este mes en esa categoría. Quizás alguna otra cosa tenga que sufrir las consecuencias de una mala administración durante las semanas anteriores. La clave es ajustarse al plan desarrollado y cumplir con la palabra empeñada.

Uno de los ingredientes más importantes para tu prosperidad integral está en tus manos. Tú puedes controlar tus finanzas. No te dejes desanimar por aquellos que te dicen que no lo vas a lograr.

Al leer *Imparables*, un libro de Cynthia Kersey, me llamó la atención una serie de citas que tiene con respecto a esa idea.[3]

Henry Ford siempre decía: "Estoy buscando hombres que tengan una capacidad infinita para no saber lo que no se puede hacer". Todo el mundo sabe lo que no se puede hacer. Pero sólo aquellos que no quieren saber lo que no se puede hacer son los que finalmente ¡logran lo imposible!

"¿Cuánto tiempo más vas a estar entrenando en ese gimnasio y viviendo en el mundo de los sueños?", le decían sus familiares a Arnold Schwarzenegger, tratándolo de convencer para que encontrara un trabajo "respetable" y sin entender su deseo de llegar a ser Mr. Universo, lo que lo llevó al estrellato en Hollywood y a convertirse en el gobernador del estado de California, ¡la séptima economía más grande del mundo!

Los amigos de la familia de Albert Einstein dijeron: "No creemos que este niño tenga la capacidad de aprender"; y cuando lo echaron por segunda vez de la escuela, el director dijo con desdén: "¡Este jovencito nunca llegará a nada!".

¿Quién te está diciendo que no puedes armar y manejar un plan de control de gastos? Tú puedes si te lo propones.

3. Cynthia Kersey. *Unstoppable*. Sourcebooks, Inc. Págs. 139-143.

SOBRE LOS AUTORES

Andrés G. Panasiuk

El Dr. Andrés Panasiuk es uno de los líderes y conferencistas internacionales más reconocidos en los Estados Unidos y Latinoamérica. Es escritor, maestro y comunicador, llegando a millones de personas a través de sus libros, programas y conferencias con temas relacionados con la educación al consumidor, finanzas y comunicaciones interpersonales, además de ser un experto en temas familiares, religiosos y sociales.

El Dr. Panasiuk es Presidente de Global Freedom Concepts y Fundador de Cultura Financiera. Esta importante organización no lucrativa continúa llevando adelante el legado del Dr. Larry Burkett y el empresario Howard Dayton, dedicándose con éxito a la enseñanza de principios sólidos sobre administración integral y a la alfabetización financiera.

Andrés es un prolífico escritor. Sus libros han sido recomendados por importantes figuras del liderazgo latinoamericano y elegidos entre cientos de otros en todo el continente para ser nominados en diferentes premios internacionales. En el año 2001 su primer libro, *¿Cómo llego a fin de mes?*" recibió el premio al 'Mejor Libro Original en Español' en ua de las exposiciones internacionales de literatura más importantes de los Estados Unidos. Sus siguientes tres libros: *¿Cómo salgo de mis deudas?*, *¿Cómo compro inteligentemente?* y *Los siete secretos del éxito* se encuentran también entre los más vendidos y solicitados en las cartillas de todo el continente.

Su voz es ampliamente conocida entre la comunidad hispana gracias a diferentes programas de radio y televisión, como "Cultura Financiera" y "Un Minuto Financiero", que se transmiten en cientos de emisoras en más de 20 países. Muchas de sus enseñanzas y artículos pueden ser encontrados también en diversas publicaciones y a través de la Internet.

Anteriormente, Andrés fue el Administrador General del departamento hispano de una de las radioemisoras no comerciales más importantes de los Estados Unidos con sede en Chicago, además de servir por casi 10 años como pastor, ministrando al pueblo latino de esa ciudad en uno de los barrios más violentos del país. El Dr. Panasiuk ejerció como Presidente de la división Hispana de la Asociación Nacional de Comunicadores Sociales Religiosos de los Estados Unidos (*National Religious Broadcasters Association*) y actualmente es miembro de la Junta Directiva de dicha organización. Además, pertenece al Directorio de la Sociedad Bíblica Americana (*American Bible Society*), y a la Junta Directiva de la organización *Junior Achievement* del estado de Georgia.

Andrés Panasiuk tiene una licenciatura en Ciencias de la Comunicación Social, con una especialización en Comunicaciones Interpersonales y de Grupo. En el año 2000, recibió un Doctorado Honorario en Divinidades en la República de la India. Él y su familia residen en un área cercana a Atlanta, invirtiendo su tiempo y esfuerzo en equipar a la gente con principios que transforman vidas.

Melvy de De León

Melvy es guatemalteca, licenciada en Psicología y graduada de la Universidad de San Carlos de Guatemala. Obtuvo su profesorado en Teología en el Seminario Teológico Centroamericano. Maestra en Mayordomía Integral, Líder de Cursos Financieros en Grupos Pequeños y facilitadora certificada por Cultura Financiera.

Trabajó como Ejecutiva en la Asociación Evangelística Luis Palau por más de 15 años. Se ha desarrollado como coordinadora de eventos, conferencista en temas de mayordomía integral y temas de psicología a grupos de mujeres, parejas, jóvenes y empresas. Es consejera bíblica y maestra de la Palabra de Dios. Actualmente es Directora Nacional de Cultura Financiera para Guatemala.

Melvy y su esposo Danilo han sido pastores por mas de 20 años, tienen dos hijas y viven en la bella ciudad de Guatemala.

Nilda Pérez

Certificada como Líder en Mayordomía de Cultura Financiera, Nilda es la Directora Nacional de esta organización en su país natal, Puerto Rico. Posee una Maestría en Administración Pública especializada en Administración de Programas de la Universidad de Puerto Rico y está certificada en *Professional Coaching* por el *Institute For Empowerment Coaching*. Actualmente cursa su Doctorado en Gerencia especializada en Liderazgo Organizacional.

Nilda fundó su propia firma bajo el nombre de *Learning Consulting Group*, la que brinda servicios en las áreas de diagnósticos organizacionales, desarrollo de liderazgo, desarrollo de equipos altamente efectivos, coaching ejecutivo y apoyo al área de recursos humanos. Es miembro activo de la Cámara de Comercio de Puerto Rico, la Asociación de Industriales y del capítulo de Puerto Rico de la asociación de *Business & Professional Women*.

PRESENTAN:

Para vivir la Palabra

www.casacreacion.com

CASA
CREACIÓN

Te invitamos a que visites nuestra página web donde podras apreciar la pasión por la publicación de libros y Biblias:

www.casacreacion.com

f @CASACREACION

🐦 @CASACREACION

📷 @CASACREACION

Para vivir la Palabra